春乃れい
haruno rei

モテまくれ。

美人が勝つとは限らない!

まえがき

もしもあたしが、絶世の美女に生まれていたら。

あたしの鼻があと2センチ高くて、腕と脚があと10センチ長くて、左右の目がもうひと回り大きくて、まつ毛があと5ミリ長くて、声があと1オクターブ高くて、話し方が女の子らしい可愛さを持っていたら——って、多すぎやろっ！

……とにかくあたしが、誰からも認められるような美人に生まれていたら、この本は書けませんでした。

悲しいけれど美人じゃないから、テクニックを磨くしかなかった。

アイドル顔じゃないから、人の心の裏を読んで行動するしかなかった。

だけどその結果、ここ10年以上〝男不足〟を感じたことはありません。

最初は「小手先のテクニック」でいいんです。

モテている人の「真似」でもいいんです。

そこに少しずつ自分らしいアレンジを加えて、テクニックや真似事を『自分のもの』にしてください。


美人なだけじゃダメなのよ。

でも、キレイに見せる努力をなまけちゃダメなのよ。

素顔不美人　春乃れぃ

Contents モテまくれ。

Lesson 1

非モテ行動 総チェック！

なぜあなたはモテないいか。 10
非モテ行動1 レストランでアナタ、やってませんか？ 15
非モテ行動2 彼の部屋でアナタ、やってませんか？ 18
非モテ行動3 彼へのメールでアナタ、やってませんか？ 22
非モテ行動4 彼の交友関係でアナタ、やってませんか？ 28
非モテ行動5 遠まわしなおねだり。アナタ、大丈夫？ 30
非モテ行動6 聞かれてもないのに自慢の連射。アナタ、大丈夫？ 32
非モテ行動7 前彼・他彼との比較。アナタ、大丈夫？ 36
非モテ行動8 プライベートの手抜き。アナタ、大丈夫？ 39
非モテ行動9 初エッチのあと。アナタ、ほんとに大丈夫？ 43

lesson 2

モテる女のメール・テク

メールに、すぐに返事を返さないでモテるコツ。 48
メールの書き出しを工夫してモテる法。 51
〝自分写し〟の写メールの効果的な使い方。 54
メールに〝あった方がいい〟絵文字は? 60
強がりな女の子のスーパー可愛いメール術。 66
電話をかける5分前に、ひとモテ勝負。 70
自己紹介代わりにメールに貼り付けるもの。 73
ラブメールは『数撃っても当たらない』 77

Lesson 3

このセリフで、モテれ

「美人に生まれたかった」の一言はこう使うとモテる。 84
「前にこう言ってたよね」の一言はこれを付け加えると効果倍増。 88
彼に触られたら、この一言を冗談っぽくプラスせよ。 90
脈あり？ の彼には何気なくさりげなくこう言いましょう。 93
一般男子に効果的。強いインパクトを与える褒めセリフ。 97
その一言が、モテなくさせる。 100
男を喜ばせる簡単な三文字。 103
「そのセリフ」は男の背筋を凍らせる。 105

Lesson 4

カラダを磨く、女を磨く

触れさせるための肌づくり。 110
キレイじゃないけど愛らしい人を徹底的にマークする。 116
不潔？　清潔？　その境目で「モテ」が決まる。 119
恋愛に臆病な女には悪い虫がつきやすい。 126
赤ネイルと足ネイルは、モテるとモテないの境界線。 131
モテ度をアゲる上半身の見せ方。 134
男は案外、体毛を見ている。 137
笑顔に勝るモテはナシ？ 140

Lesson 5

デートでモテる㊙ワザ

初デートでモテれ。 144
2回目のデートでモテれ。 150
3回目のデートは計算でモテれ。 153
モテる女は千円札を賢く使って可愛く誘う。 158
モテる女のカラオケタイム。 161
歩幅は小さく追いかける。 164
お買い物に付き合ってもらうなら……。 166
スマートに誘わなくていい。 169
彼の見ている前でオフる。 172

Lesson 6

飲み会必勝虎の巻

絶対！ 男女比は3：3 176
絶対！ 席順決定権を得よ。 180
絶対！ 本命の左側に座るべし。 183
絶対！ 左隣りは○○な女友達で。 185
絶対！ 本命の向かいにはお笑い担当君を座らせる。 188
絶対！ オトナシメ君は通路側に座ってもらう。 192
絶対！ 2次会にはカラオケボックスを選ぶべし。 198
3人のメンズを同時に落とすテクニックのまとめ。 200

デザイン —— こやまたかこ　イラスト —— Tsukune
制作 —— 長尾義弘　編集 —— 梅木読子

Lesson 1

非モテ行動総チェック!

なぜあなたはモテないか。

「なぜモテないか？」を改めて考えてみたい。

顔？　スタイル？　雰囲気？

確かにそれは第一関門を突破する重要な要素の1つだ。

だけど、それだけじゃないことを、皆もうとっくに知ってるよね。

同性の目から見て「なんで、あの人が？」と思う人がモテている、なんてことはよくある話。同性は同性に対してほんとに厳しいから「そりゃあモテるわ」という納得できる点がいくつも備わっていないと、良い評価を下さない。

キビシー！

――と、いうわけで以下「モテない要素」を50個書き出していきます。それに対する対処法は、この本を読んで一緒に勉強いたしましょ。

モテない理由ベスト50

1. メールの返信が常に超速い。
2. メールの書き出しは「元気？」「今何してる？」が多い。
3. 可愛く撮れた写メールはすぐに添付して送ってしまう。
4. 届いたメールに絵文字がないと、不安になる。
5. 遅い時間帯なのにいきなり電話を入れてしまうことが多い。
6. 「聞く」より「話したい」。
7. 基本的なマナーを知らない。
8. 話題の中心は、テレビ、芸能、愚痴、悪口、恋愛。
9. 誘われると断れない。
10. 今、とくに行きたい場所もやりたいこともない。
11. 依存してしまう。
12. 過剰に甘えたがり。

13．つい反論してしまう。
14．我ながら可愛げがないと思う。
15．傷つきたくないから臆病になってしまう。
16．束縛してしまう。
17．理解のあるふりをしてしまう。
18．謝ることが苦手。
19．つい、ウソを吐いてしまう。
20．会話をうまく続けられない。
21．軽そうな外見をしている。
22．笑い方が下品だ。
23．ここ2年、髪型をほとんど変えていない。
24．同じようなテイストの服が多い。
25．盛り上げ役に徹してしまう。
26．八方美人。

27. 色気がない。
28. 世話を焼きすぎてしまう。
29. 押しが強すぎる。
30. 引きが強すぎる。
31. つい、すぐにエッチしてしまう。
32. 避妊——をクチにできない。
33. 「遊ばれた」のを認めることができない。
34. 「遊ばれた」相手に執拗に連絡してしまう。
35. 「遊ばれた」相手を振り向かそうとする。
36. 「遊ばれた」相手から誘われると、つい行ってしまう。
37. 2番目でもいい、と言ったり、すがってしまう。
38. 付き合ってもらうための手段にセックスを使ってしまう。
39. 求められるままに応じてしまう。
40. 頑なに拒んでしまう。

41. 酒癖が悪い。
42. 無趣味。
43. 話が面白くない。
44. すぐにケチをつけてしまう。
45. すぐにふてくされる。
46. 〝ヒトトナリ〟より、条件で男を選ぶ。
47. 付き合うとすぐに結婚を意識する。
48. 自分に自信がない。
49. 露出、色気の過剰。
50. 結局のところナニをどうすればよいのかわからない。

残念ながら1つ以上当てはまる人は、大きく深呼吸をしてからこの先を熟読してください。

非モテ行動1
レストランでアナタ、やってませんか？

念願かなった初デート中や、大好きな彼氏とのデート中に思わず、もしくはごく自然にやっちゃってることが多い非モテな行動。

「モテない」「恋が続かない」と嘆くあなた。

もしかするとあなたは、レストランでやっちゃってるかもしれません。

◆テーブルの下で足を組んでいませんか？

……足組みを生意気、高圧的に見えるという理由で嫌う男性は意外と多いんですよ、大丈夫？「食べながら足を組む女はぜったいムリ」。こう答える男性がかなり多いということをあなたは知っていますか。

これはOK カウンター式のＢＡＲでの足組み。

◆テーブルの下で靴をぶらんぶらんさせていませんか？

……「だらしなく見える」「退屈そうに見える」「俺の話がつまらないのかな、と思う」

などの理由で悪評、酷評なのが、このテーブルの下で靴をぶらんぶらんさせる行動です。

おそらく、貧乏ゆすりなどと同じ類のこの行動。無意識にやっている女性は少なくないと思います。

あたしもカフェなどでしょっちゅう見ます、この〝靴ぶらんぶらん〟。どれだけキレイに着飾っていても、この行動をしている女性は究極にだらしなーく感じます。

脚はスカート、パンツに関係なくヒザ頭をきちんと揃えて斜めに流すのが良い。ヒザから下が長く見えるし、品良く見えます。

ＣＡ（キャビンアテンダント）さんや、テレビ番組『恋のから騒ぎ』の最前列に座る女の子たちのような脚の流し方がオススメです。

◆テーブルの上で頬づえをついていませんか？

……こちらも足組みと同じような理由で嫌われ度が高いので注意してください。

だけど〝可愛さが１００倍増し〟になる頬づえのつき方があるので今回はそちらを少々。

●彼が自分の右隣りに座っているなら、左手で頬づえをつく。

●彼が自分の左隣りに座っているなら、右手で頬づえをつく。

●彼が自分の真向かいに座っているなら、両手で頬づえをつく。

ただし必ず手は『グー』の形にして内巻きにする。

そして握りコブシのゴツゴツの上に〝軽く〟頬を乗せるような感じでね。

こうすることによって、上目遣いになるし、アゴが体の内側に入るので顔が小さく見えるんです。

男ウケの悪い非モテ行動は意識して改めつつ、可愛さ１００倍増しで攻める。

これぞ、真のモテ行動！

非モテ行動2
彼の部屋でアナタ、やってませんか？

初めて彼の家を訪れた時、数度目の彼宅訪問で、あなたが〝良かれ〟と思ってやっているその行動は、実は非モテだったりして。

「モテない」「恋が続かない」と嘆くあなた。

もしかするとあなたは、彼の部屋でやっちゃってるかもしれません。

◆**頼まれてもいないのにすすんで、お掃除隊になってませんか？**

……まず、これだけは覚えておいてください。

〝恋に『お母さん』は必要ない〟んです。

だから、すすんでお掃除・洗濯隊になる必要はありません。

本当に気遣いのできる人とは、相手に気を遣わせないように気を遣える人のことを言います。

「そんなこと、今やらなくていいのに」

「そんなこと、してくれなくていいのに」

「俺には俺の生活のリズムがあるのに」

と思っても、優しい彼らは言いません。言えません。

『彼のために良かれ』と思ってするこれらの行動、ほんとに『彼のため』ですか？

〝あなたの自己満足のため〟ではありませんか？

女の子を初めて部屋に招いた彼らが期待しているのは、あなたの掃除能力ではありません。

『楽しい時間』や『エッチな時間』を彼らは心底期待しているんですよっ。

これはOK

1. 彼の部屋から帰る時に、今気がついた！　といった風を装って「これだけ洗って帰るね？」と、少量の食器を洗い始める。洗い終わったらさっさと帰る。
2. 自分が使ったグラスをキッチンにさげる時に「ついでに洗っちゃうね」と

軽く一声かけてから洗う。

◆引き出し、棚の上、クローゼットの中、気づけば詮索していませんか？

……無意識の怖いところですが、人の部屋に来て詮索を開始する女の子って結構いるんですよ。実際に手を使って詮索する人もいれば、『目』が詮索している人など、やり方は違えど怖すぎてチビりそう。引き出しや棚の上、クローゼットの中や、ベッドの下などはパンドラの箱。プライベートが満載なんです。彼氏（や、あたし）の携帯電話を見たがる女の子は、『手詮索』『目詮索』をする確率90％！

「詮索しそうなタイプの女」に思われると、付き合いに距離をおかれますよ。大丈夫ですか？

これはOK　初めての彼宅訪問では、ベタの王道を歩んでください。
「卒アル（卒業アルバム）見せてっ！」←この程度のベタな王道で留めておくのがぜったいに無難です。

◆軽いノリで彼のパソコンをいじっていませんか？

……ここ数年でよく耳にする『人のパソコンを勝手にいじる女』の話。

パソコンも携帯電話と同じ、非常にプライベートな物です。

ブックマーク（お気に入り）を見さえすれば、相手の隠している部分が手に取るようにわかってしまう。

親しき仲にも礼儀あり、です。付き合いの長さ、関係の深さに関係なく人のパソコンは勝手に触らない、立ち上げないこと。

「（パソコンを）使ってもいい？」と聞かれたら「ダメだ！」とは断りにくい。

なぜならそれは「俺は怪しいです。いかがわしいサイトを見ています」と言っているようなものだから。

だからこそ『見たがらない、触れない、立ち上げない』が鉄則なんです。

これはOK これに関するOKネタはありません。

そのぐらい人のパソコンは神聖なもの、ってことですよっ。

非モテ行動3
彼へのメールでアナタ、やってませんか？

メールにまつわる恋の相談が、ここ数年でグンと増えました。

知ってほしいのは、メールに対する思い入れが男と女ではぜんぜん違うってこと。

コミュニケーションの多さで愛をはかってしまう女と、充実感、満足感で愛を感じる男とでは、メールの扱いが違って当然。

「でも付き合い始めはあんなに頻繁にメールをくれたのに……」

それは、それです。

恋愛のはじめは誰しも浮き足立つもんです。

麻疹《はしか》みたいなもんですな。とりあえず最初は高熱が出まっせー！　みたいな。

「モテない」「恋が続かない」と嘆くあなた。

もしかするとあなたは、彼へのメールでやっちゃってるかもしれません。

◆返事が届かない時に追い込みメールをしてませんか？

……メールを入れたのに彼からの返事が届かない。

「心配、不安、まさか事故？　それとも浮気？」。そう思ってしまう気持ちもわからないわけではありません。

でも、だからといって「今どこ？」「何してるの？」「誰といるの？」「どうして返事をくれないの？」などの追い込みメールを入れるのは、ぜったいにヤメましょう。

追い込みメールが届くと男（や、あたし）はこんな風に思います。

（心配してるみたいだからメールを返したいけど、またどうせグダグダ言われるんだろうな）

（疲れてるのにガミガミ言われるのはウザいから、明日まとめて返事を返そう。そうしよう）

こうしてだんだんとメール返信の回数が減っていくんです。だって怖いんだもん、仕方ないじゃん。

これはOK メールを送ったのに彼からの返事が届かない場合は、こうしてみてはいかがでしょ？

『お仕事（もしくは勉強、バイトなど）忙しいみたいだけどがんばってね！フレーフレー○○君！』

こういう「フレーフレー○○君」みたいなベタさやダサさ、寂しいはずなのにそれを感じさせないようにしようとする健気さが、彼らのハートに響くんです。

返信がほしければ、返事を返したくなるメールを送る。

質問や追い込みのメールではなく、応援系の健気なメールが男心にグッとくることを知ってください。

◆プライムタイム、プライベートタイムにメールを頻発させてはいませんか？

……日本のプライムタイムは、19時から23時までやったかな、確か。

その時間帯はいわゆる流行のテレビ番組がバンバン流れている時間です。学生の彼なら家族とテレビを見ながら食事をとっていたり、食後に家族とテレビを見ていたり、社会人の彼なら残業中だったり、同僚と飲みに出かけていたり、家でリラックスしている時間帯ですね。

そのまったりとした時間帯にバシバシとメールを送る。

家族や同僚といる時に、あなたからのメールで鳴りっぱなし、震えっぱなしの彼の携帯電話。

彼は困惑するし、彼の周囲は気を遣います。

周りに気を遣わせないようにと携帯の電源をオフる彼。こうなると悪循環ですよね？

よってプライムタイムや、彼のプライベートなくつろぎタイムにメールをバシバシ送るのはヤメましょう。

送るのがいけないのではなく、バシバシ送るのがいけないってことですから
お間違いなきよう、ヨロシク。

これはOK 「○時頃にちょっと電話で話したいな」など、軽く要求を出しつつ、彼に時間の都合をつける余裕を与えるメールを送るのがスマートなやり方です。

これならば「その時間は厳しいけど、○時頃ならいいよ」と彼も返事を返しやすいですしね。

コミュニケーションの多さで愛をはかってしまいがちな女の子は、彼がコミュニケーションをとりやすいように賢く動くようにすれば、自分自身も苦しくないし、彼にも「この子とのメールは楽しい」と思わせることができますよ。

非モテ行動4
彼の交友関係でアナタ、やってませんか？

「ズバリ言うわよ！」


彼の交友関係にはクチを挟まない、これ恋愛の鉄則です。

あたしの周りの男たちは怒ってます。

「おまえなんかより、アイツ（友達）との方が付き合いは長いんだよ」

「後からきたおまえが、俺とアイツの付き合いにクチを挟むんじゃねえよ！」

確かに、どう見ても〝よろしくない友達〟と付き合っているな、と感じる人はいます。だから思わずクチを出したくなる気持ちも、痛いほどわかります。

うん、めちゃわかる。

だけど、ダメなんです。

彼らは、自分の友達（や家族など）を悪く言われることをとても嫌がります。女の子が軽い気持ちで言った忠告が、別れの合図になったカップルを多く知ってます。

男の友情は、女が思っているより熱くて堅いです。

いわゆる悪い友達より、忠告した彼女をばっさり斬り捨てる男は少なくありません。

それでもクチを挟みたいなら、「あなたを信用してるから」の一言で決めてください。

その方がどんな忠告よりも、男心にはグッとくるはずですから。

非モテ行動5
遠まわしなおねだり。アナタ、大丈夫？

「ズバリ言うわよ！」

不明確、遠まわしなおねだりなら、しない方がマシです。おねだり上手はモテますが、おねだり下手はモテません。

「どこか連れて行って」

「何か美味しいものを食べさせて」

では、何をどうすりゃいいのかわかりません。しかしおねだり上手なモテ女子なら、

「東京ミッドタウンのボタニカに連れて行って！」

「月島のもんじゃ焼きが食べたい！」

など、おねだりが具体的なので、彼の方も腰を上げやすいわけですね。

憧れの彼からデートに誘われた場合も同じ。

「何が食べたい？」「なんでもいいです」、「どこ行きたい？」「どこでもいいです」では、モテ度が低すぎです。

男はそれを『この子って自己主張がなくて控えめでイイ！』なんて思いませんよっ。

「友達の愛ちゃんは彼氏と温泉に行ったんだってー」

みたいな遠まわしな『連れて行ってアピール』も、ただちにヤメましょう。

おねだりは具体的にダイレクトに、可愛く伝える。

「何が食べたい？」「お好み焼きかラーメン！」

「どこ行きたい？」「ボーリングかダーツか映画！」

おねだり用の選択肢は常に2つくらい用意しておくと、なお良しです。

じゃあ片方は今日、もう片方は次回のデートに……など、2度目のデートの約束が、ついでにできちゃったりもしますからねっ。

非モテ行動6
聞かれてもないのに自慢の連射。アナタ、大丈夫？

自信がない人に限って、自分を大きく、良く見せようと、どーでもいいような自慢話を開始する。

たとえば「このあいだの週末、どこそこを歩いてたら○人にナンパされて、そのうち1人はどっかの芸能事務所のスカウトマンだったー」とかね。

たとえば「このあいだユウコの彼に会ったんだけど、私に色目使ってきてさー。そういえば、アユミの彼にもアドレス聞かれたし」とかね。

はいはい、わかったわかった。

あんたは、すごい。あんたは可愛い。はいはいはいはい。

巷のオヤジがよく言う「俺、こう見えても昔は悪かったんだぜ」と大差ない。

本当にどーだっていい、つーかむしろダサい自慢。とかいうあたしも人間が完成されていないので、自慢しーのところがあるんですけどね。反省反省。

外見や内面、どこをとって見ても〝そんなにモテそうにないんだけどな〟な男が「俺、この半年で40人の女の子に告白されちゃったよ」と言ってきたら、どう思いますか。

「わー！　この人ってモテるんだ。すごーい」「見た目ではわからないけど、きっとこの彼には何か人を惹きつけるすごい魅力が隠されてるに違いないわ、萌え！」なんて思わないでしょ？

数年前、自称遊び人の男が「俺さー、この1年で46人の女を抱いたんだぜ」「その中にはモデルの卵もいてさ」なんてくだらない自慢を連射してきたので、性格美人なあたしは一言「うわっ。なんかレベル低っ！」と言ってソイツを黙らせました。↑別にこれは自慢ではありませんので！

他人の自慢話ほど、クソ面白くないものはない。なぜならそれは嫉妬やひがみの気持ちだけでなく『すごい！　さすが！　って言ってほしい』というあざとさが見えるから、面白くないんです。

スカウトされた話や、ナンパされた数なんて、男からしてみればどうだって

いいこと。過去に何人の男に告白されたとか、芸能人の誰それとコンパしたと

か、ぶっちゃけた話そんな自慢は武器にも魅力にもならない。

異性にモテたいなら、自慢は賢く使う方がいい。

どうしても自慢話をしたいなら、自慢にならないネタとセットにして一緒に

話すようにすることをオススメします。

たとえば、

「昨日街を歩いてたら、次々にナンパされてね。キャーあたしってモテるん

だー！　と思ってたら、デニムのチャックが全開だった」とか、

「最近高校時代に学年で1番人気のあった同級生の男の子から、会いたいんだ

――って電話がかかってきてね、ワクワクして会いに行ったら保険の勧誘され

た」とか、

「よく目が合うクラスメートがいたから、絶対に私のことを好きに違いないと

思って告白したら『おまえ、俺の母ちゃんにそっくり』って言われた」とかね。

モテ自慢をするよりも〃そこそこ可愛いのにちょっと勘違いな女の子〃と思われる方が、好感度は確実に上がります。

人は笑うとココロが開く。その反面、不快だなと思うとココロが閉じる。

モテたいと願うなら、彼が不快もしくは「それが何？」と思うような自慢話をするのではなく、彼のココロを開かせるように仕向けた方がいいと思います。

自分の値打ちを上げるために、価値を高く見せるために、自慢をうまく使う方法は他にもあります。だけどそれは、すこーし高度な技なので、まずは、今回書いたテクニックをマスターしてからだっ！

非モテ行動7
前彼・他彼との比較。アナタ、大丈夫？

「ズバリ書くわよ！」

前の彼、友達の彼との比較をするクセは直しましょう。

人と比べられてけなされる、こんなにムカつくことはナイよね？「同じ生意気でも沢尻エリカは若くて可愛いから許せるけど、おまえのは心底イラつく」

とか言われたら、射殺したくなりませんか？

「前の彼氏は毎月花束をプレゼントしてくれたけど、あなたは……」とか、「友達の優香の彼氏は、記念日にティファニーの指輪をオーダー……」とか、「今までの彼氏だったら、私にそんな言い方で怒ったりしなかったわ！」とかね。

とにかく比較だけは、絶対にしちゃいけません。

『そんなに前彼、他彼がいいんだったら俺じゃなくてそっちに行けよ！』と思われるのがオチ。

だけど、あたしたちはわがままで可愛いオンニャニョコです。

今までの彼がしてくれたことを、してくれない〝今彼〟に対して不満を持っちゃうのは当たり前。だからそんな時、あたしはこんな風にその思いを伝えるようにしています。

例を挙げると——。

「階段を降りる時に手をつないでくれると、すごく安心する」これが1ステップ。

彼がこちらの望んだようにしてくれたら、心から嬉しそうな顔をして、「ありがとう、すごく安心する（もしくは嬉しい）」と伝えます。これが2ステップ。

2つの段階を踏むことで、彼に『この子はこうすることによって、こんなに喜ぶんだ』とカラダで覚えてもらう。

前彼、他彼と比較するのではなく、何をどうされたら嬉しいかを素直に伝えて、それがかなったら喜ぶ、嬉しがる、感謝する。

何をどうされたら悲しいか、何をどうされたら腹が立つか、誰かと比較するのではなく、思いは素直に伝えることが大切です。

この方法をとれば、自分も嬉しいし、彼も嫌な思いをすることがないので一挙両得。

恋愛ベタな女の子は、この『素直に』ってのが難しいのかもしれませんが、そんな時は立ち止まって考えましょう。

私も、誰かと比較されたら激しくイヤだな……ってことを。

非モテ行動8
プライベートの手抜き。アナタ、大丈夫？

男は勝手な生き物です。いやいや、もちろんあたしたち女もですが。

大好きな彼と念願かなって付き合えた。

そしたら今度は、できるだけ長く愛が続くようにしたい。

『チヤホヤより、長く深く愛される女が本当の意味でのモテる女』だと思っているあたしは、モテ続けるための努力をしない女の子には厳しいでっせ！

「モテない」「恋が続かない」と嘆くあなた。

もしかするとあなたは、プライベートで手抜きをしているのかもしれません。

男は自分のことはさておき、女（彼女や妻）の身だしなみや手抜きにはなぜか敏感で、クチうるさいです。

自分の頭髪が伸び放題でモッサリコーンなのは棚上げで「おまえもうちょっと、エビちゃんみたいに可愛くしろよ……」なんて言ったり思ったり。

チッ！

ポイントは『初心忘るべからず』です。出会った頃や、付き合った当初にやっていた〝モテ手間〟を手抜きすると、ヤツらは鋭くそこを突いてきます（突いてはこないまでも、心の中にジッと溜め込んで、ケンカした時に言ってきたりすんの！）。

●マロ眉毛はありえない
●口元、眉毛周辺の産毛はありえない
●メイク時と落差ありすぎの『小さな目』はありえない
●オカン（母）を彷彿《ほうふつ》とさせるダサい部屋着はありえない
●ムダ毛のお手入れの手抜き、もしくは俺の目の前で手入れする女はありえない

これが、あたしの周りの男連中曰く『手抜きを感じるベストファイブ』らし

いです。
しかし、プライベートでも気合いを入れられすぎていると、安らげないんだとさ。
じゃあ、どないしろっちゅうねんっ！

●マロ眉毛はありえない
――眉毛くらいは常に描いててほしい。

●口元、眉毛周辺の産毛はありえない
――ここのお手入れくらいはきちんとやってくれ。

●メイク時と落差ありすぎの『小さな目』はありえない
――ビューラーで持ち上げるくらいの〝可愛げ〟は見せてほしい。

●オカン（母）を彷彿《ほうふつ》とさせるダサい部屋着はありえない
――色やデザインくらいは多少気を遣ってほしい、俺も男だし。

●ムダ毛のお手入れの手抜き、もしくは俺の目の前で手入れする女はありえない

――――最低限のマナーだろ！

とのことです。続けて彼らは言います。

ウキウキで楽しい新婚生活を想像させてくれる程度の手抜きは可愛い（巻きじゃなくてアップにした髪型、ゴテゴテすぎないアイメイクなど）。

だけど、10年後のくたびれた結婚生活が想像できる女はムリだと。

自分はどうあれ、彼女には常に可愛くコギレイであってほしいと願う男心を、あなたはどれだけ理解していますか？　厄介《やっかい》ですが、これがどうやら現実みたいです。

「自分自身に手間ひまをかけて手を抜かない女には、男だって手を抜けないよ？　だって他の男にとられたらヤだもん」

これは知り合いのホストクラブオーナーさんの意見です。

なるほど納得！　じゃないですか？　あなたは大丈夫？

あたしは……ボチボチでんな。

非モテ行動9
初エッチのあと。アナタ、ほんとに大丈夫？

「モテない」「恋が続かない」と嘆くあなた。

もしかするとあなたは、初エッチ後でやっちゃってるかもしれません。

「ズバリ言うわよ！」

●素っ裸で立ち歩いていませんか？
●終わったと同時にタバコに手を伸ばしていませんか？
●腕枕を強要、執拗にベタベタとしていませんか？
●プライベートに関する質問を投げかけていませんか？
●次のデートの約束をしようと、焦っていませんか？

セックス中は大胆に、始まりと終わりには恥じらいを――これが正しいモテエッチです。

始まりとセックス中に恥じらいを、終わってからは図々しい——これが非モテパターンです。

終わりよければすべて良し。

セックス後が可愛い女は、テクニックが不足していても問題ない。

セックス後に人が変わったように恥じらいを失う女は、テクニックが長けていればセフレ、テクさえなければそれさえありえないと、今この瞬間、電話の向こうでホストクラブオーナーがキャンキャン吠えております。

男と女は価値観が違います。

セックスをゴールにしている男と、セックスがスタートだと思っている女。

そんな男に『これからが2人の始まりだ』と思わせるようにするには、ここで書いた5つは何があってもしちゃいけないんです、OKですかー!?

●素っ裸で立ち歩いていませんか?

——演技でいいから「見ないで!」とか言って、バスタオルを巻いたりして恥じらってほしい。

●終わったと同時にタバコに手を伸ばしていませんか？

――せめて俺が吸ってから。できれば、演技でいいからしばらくは動けないふり（脱力したふり）をしてほしい。

●腕枕を強要、執拗にベタベタとしていませんか？

――男は射精後がいちばん疲れているんです。軽く寄り添うくらいで許してほしい。

●プライベートに関する質問を投げかけていませんか？

――エッチ後にプライベートに関する質問をされると、より濃い関係（結婚など）を迫られているような気がする。

●次のデートの約束をしようと、焦っていませんか？

――右に同じ。

これが世の多くの男の意見のようです。

エッチをエサにしても、カラダは釣れても男の心は釣れません。

テクニックがどれほどすばらしくても、カラダは満たせても男の心は満たせません。

『恥じらい、大胆、恥じらい』のテンポとエッチ後のマナーさえ忘れなければ、あなたはモテエッチができる女になれます。

これ、マジだかんね？

Lesson 2

モテる女のメール・テク

メールに、すぐに返事を返さないでモテるコツ。

すべてのメールに対してではありませんが、すぐに返事を返さない方が良い場合がある。いちばんオススメなのは〈すぐに返す時〉と〈放置の時〉のバランスを考えること。

理想的なのは「3対7」の割合。それが無理なら「7対3」。それも無理なら「8対2」。

メールの送受信には、ちょっとしたコツがあります。

コツというか、あたしがいつも（?）やってることなんですけれども――。

《知り合ったばかりの彼を落としたい時にメールを送る頻度》

初メールから〝最初の3日間〟だけは、できるだけ早く多くのメールを送るようにする。

メールの量が多くても〝内容〟が面白ければ、大丈夫。

ただし、相手から返事が届かないのにしつこく送り続けるのはタブー。

そして4日目からは、返事を返すのと放置する割合を「3対7」に切り替える。

「当たり前にあったはずのものが、突然なくなると不安になる」

という人の心理を利用して、立場を〝攻め〟から一気に〝受け身〟プラス〝待たせる身〟に変えるのです。


付き合った最初の頃はメールもたくさんしてくれたのに、最近は、こっちが3通送ったらやっと1通返ってくる程度……。

「もう、私のことなんて好きじゃないのかな」

の逆パターン・短期間バージョンです。

人は追われると逃げたくなる、逃げられると追いたくなる。
振り回されると、追い回したくなる。
それはまるで、ネコと猫じゃらしのように……?
ちなみにメール放置の時間の目安は——。
●漫画1冊読み終える。
●小説の50ページを読む間。
●入浴～お手入れの終了まで。
●12時間放置。
●1日放置。
●連続ドラマ1話分。
●翌日のお昼まで放置。
などを偏《かたよ》りなく使って、日によってジラしたり、放置したりする時間を変えましょう。

メールの書き出しを工夫してモテる法。

メールの返事がほしいなら、『疑問系を使うのがイイ』というセオリー。
それは間違ってないと思うし、確かにそうだな……とも思う。
それを真に受けてるのかどうかは知らないけれど、「元気？」「今何してる？」
というメールが1年前までは本当に多かった。そしてそれは、非常にウザかった。
「元気？」「今何してる？」「最近どう？」
これらの書き出しで始まるメールからはポジティブを感じない。

- ひま
- 面白い話して
- 愚痴を聞いてほしい

などの〝良からぬニオイ〟がぷんぷんする。

——と、あたしや、あたしの周りの男子たちがクチを揃えて申しております。

ならば、メールの書き出しをどう工夫すればいいのか？

まず件名（subject）に〝○○君へ〟と入れるのは基本中の基本。

1．返事がYES／NOで終わる疑問系メールは送らない。

送信：「今何してる？」

受信：「テレビ見てる（本読んでる）」

送信：「そっか、わかった」……終わり。

これで「どうした？　何かあった？」とメールが返ってくるのは、恋愛初期のラブラブ段階か、相手の恋心が上回っている時か、はたまた、相手もすこぶる暇な時ぐらいのもんです。

2．疑問系メールのオススメパターン。

◆誘い1

「○○って映画見た？　友達がすごく面白かったって言ってたから、一緒に見に行かない？」

◆誘い2

「こないだは楽しかったね？　次は○○ってところに一緒に行きたいなって思うんだけど、予定どう？」

◆相談

「○○君に相談に乗ってほしいことがあるんだけど、今、時間大丈夫かな？」

◆相手の過去の発言を利用する

「そういえばこないだ××の話してたでしょ？　あれってどうなったのかなあ？　って気になっちゃって」

××に入る言葉は、相手の彼が〝ほしがっていた物〟や〝興味を持ってる物事〟〝悩んでいたこと〟〝気にしていたこと〟などがベターです。

相手が答えやすく、またメールでのやり取りが続き、場合によっちゃあ相手の方が食いついてくる話題で疑問系。これが正しい「疑問系メール」の使い方です。

"自分写し"の写メールの効果的な使い方。

付き合ってもないのに、いや、付き合っているとしても、「自分（だけ）を写した写メールを何通も送ってくるのは、なんでなの？」と、周囲の男からオンナゴコロの解説を求められた、つい先日。

「可愛く撮れたからやろ？」と答えを返したけれど、彼らはいまいち、煮え切らない顔でこう続けた——。

「イヤじゃないんだよ、イヤじゃないんだけど。何のアピールで、どう対応すればいいのかわからない」

「可愛いじゃゃん、って褒めたらええやん」

「ん……」

実はあたしも〝送る派〟やっててんなぁ、これが！

そんなあたしは、友人のメールテクニック女王ヤエちゃんに話を聞いてみることにした。

すると、ヤエは言った。

「写メールの効果的な使い方、教えましょか？」

写メールの効果的な使い方？　そんなもん、ほんまにあるんかよ、と思ったけれど勉強のために教えてもらうことにしました。

◆近々デートの約束がある相手へ送る場合

1．当日着ていく予定の服の数パターンと一緒に自分を撮影する。
※できれば左右に服を持ち〝どっちがいい？〟という感じで、自分を真んなかにして、セルフタイマーで撮るのがオススメらしい。
2．「どっちがいい？」と写メールを送る。
3．返信が届いたら、今度は、

4．当日着用〝しない〟予定の下着（もちろん、上下セット）を数種類、床に並べて撮影。

5．「どっちがいい？」と写メールを送る。

6．で、間を置かずに「なんちゃって」という内容と共に自分撮りの写メールを送る。

※できれば〝あっかんべー〟などの顔をした茶目っ気たっぷりのものが好ましいらしい。

7．とびっきり可愛い奇跡の写メールを「じゃあデート楽しみにしてるね」という文章と共に送る。

◆冗談が通じる友達以上恋人未満の彼へ送る場合／ラブラブ中の彼氏にもOK

※撮った写メールに「文字（テキスト）を入れることができる携帯」が必要。

※必要な枚数分の写メールは先に撮り終えておくこと。

※もちろん「文字（テキスト）入力」も済ませておくこと。

《用意しておく写真の例》
1．うつむいている写真
入力文字：「ちょっと聞きたいことがあるの」
2．真面目な顔でカメラ目線の写真
入力文字：「来週の日曜日なんだけど……」
3．甘えた感じで写した写真
入力文字：「映画『〇〇〇〇』を見たいなあって思って」
4．3よりも甘えた感じで写した写真
入力文字：「どうかなあ……ダメかなあ……？」
5．セルフタイマーで撮った大喜び（大げさすぎるくらいが良い）の写真
※小躍りしてるぐらいアホっぽいのがいいらしい。
入力文字／デートがOKな場合：「ヤッター！　ヤッター！」みたいなノリ。
6．セルフタイマーで撮った激落ち込み（大げさすぎるくらいが良い）の写真
入力文字／デートがNOな場合：「がーん」←古っ！　でもそれぐらいの軽

い感じがいいらしい。
7. とびっきり可愛い奇跡の写メールを2枚（同じもので可）
入力文字1：「楽しみっ！」
入力文字2：「また誘ってもいい？」

これらを、普通のメールを送るように1通（1枚）ずつ送る。

相手からの返事が届いたら2. 3. 4. と送る。

友人のヤエ曰く、

『写真を受けとる彼が、2枚目も見たい、次も見たい、と思うものを送るのがポイント。ただ単に写メール1枚送るよりも、印象に残るし〝楽しい時間を共有〟していると彼に思わせることができれば勝ち』

と、いうことでした。

で、素直なあたしは実践してみました。

ちなみにあたしは写真に音とアニメーション、メッセージをのせて、メールを送ることのできる「フォトミキサー」というものを使ってやってみました。

★音が出るメールは、件名に「音あります」と注意を入れることもお忘れなく。

男子（恋人含む）の反応は、残念ながら（？）……ヤエの言うようにぜんぜん違ったものでした。

めっちゃ反応良かったやんか！

クソーッ！　こんな写メールテクニック今まで使ってなかったぜ！

彼らの感想。

● 次のメールが楽しみだった。

● 〝遊び心がある〟という点がいい。

● 遊び心がある子＝一緒に楽しめる子＝付き合っても楽しいんじゃないかと思う。

と、大好評でした。

たかがメールだけど、工夫次第でモテ度が上がるってことですね。

メールに"あった方がいい"絵文字は？

記憶が確かならば、あたしは今の恋人と付き合うまで、メールに絵文字をほとんど（まったく）使わないヤツでした。

なぜ？

「そんなもん使わんでも、文章だけで落とせるわい！」

と、思っていたからです。

我ながら、すごい自信だなと思うけれど、なかなかどうしてこれがまた、工夫次第では絵文字を使うよりも、なんてゆうか、ええ感じの文章ができまんねやわ。

（→売れっ子ホストの知り合いからコツを学んだだけのクセに）

ってな話はさて置き――今の恋人から「絵文字がないメールは無愛想でイヤ」だと付き合ってすぐの頃に言われたあたしは、このくらいの譲歩はまあ、ええか……と、10通のうち6通くらいは絵文字を用いたメールを送るようにしています（ここだけの話、絵文字って使い始めると面白いね）。

さて――あたしの場合、相手から届くメールに絵文字がないからと、不安になることはまずないけれど、ただここ半年の間で、絵文字にまつわる驚いた話をあちこちで耳にしました。

そしてその聞いた話を元に、2ヶ月間リサーチをしてみました。

今回はその結果と、男子側の意見、あたしが普段やっている絵（顔）文字系メールを紹介したいと思います。

『ハートの絵文字がついてると、この娘、俺のこと好きなんかな？　って思う』って意見を、ほんとにほんとにあちらこちらで耳にしたんです。

正直「ウソでしょ（そんなことぐらいで？）」と思いました。

確かに♥の絵文字は、天狗の顔の絵文字より効果300倍でしょうよ。

モアイ像の絵文字より効果400倍でしょうとも（あたしはau携帯を使用）。

でもさ、にしてもさ。

『俺のこと好きなんかな？』

って、そりゃあんた思いすごしもはなはだしいのでは？

そこで、この2ヶ月メモリーに登録している知り合いの男たちに、♥の絵文字を付けたメールを送りまくりました。

たとえばこんな風に——。

＊＊＊＊＊＊＊＊＊＊＊

6月某日
件名：○○さんえ♥
内容：最近暑くなってきたけど、体は壊してませんか？
　看病してくれる人が近くにいてたらいいけど……大丈夫？
　ここ3年ぜんぜんサーフィンやってないけど、今年からまた再開したいなって思っています。

また一緒にサーフィンしようねッ♥　@れぃ

****

7月某日
件名：○○さんえ♥
内容：毎日めっちゃ暑いね。
今年の夏はエアコン無しで頑張ってみようと思ってたけど、蒸しブタになりそうやったから、早々に諦めました。ケケッ
こないだ家で餃子を作って食べたけど、やっぱり大阪の××の餃子が1番美味しいわ。
○○さんは、最近××の餃子食べた？　ううっ。想像しただけで、お腹鳴ってもーたわ。
また今度食べに連れていってねッ♥　@れぃ

****

【結果】

「彼氏と別れたん?」「週末こっちにくる?」「今からそっちに行こうか?」などと書かれた返信の届くこと届くこと。

内容はほとんどいつもと変わらないのに。

なんや、この食いつきようはピラニアか——と、ちょっとあきれてしもたわ。

【結論】男子は♥の絵文字がやっぱりお好きなようで。

【注意】携帯のキャリアが違うと、絵文字が文字化けすることがあるみたいなので、違うキャリアの携帯を使っている相手には、以下のようにしました。

(ノ´Д`*)〻また会いたいねっ
(ノ´Д`*)〻LOVEやしっ
結果は「♥の絵文字」と大差ない感じ。恐るべし、♥の絵文字。

ただし絵文字の〝使いすぎには気をつけて〟ねっ。

強がりな女の子のスーパー可愛いメール術。

自分は強がりである！　と思う女の子はぜひ使ってください。

あたしは強がりで意地っ張りで太ってますが（肥満は関係ないやろ！）よく使います。

そしてもちろん「可愛いなー」とデレデレメールが彼らから届きます。ムハッ！

とても簡単です。

使うものは、絵文字機能付き携帯電話と〝ある1つの絵文字〟のみ（今時絵文字機能ナシ携帯電話を探す方が大変か）。

《Aパターン》
♥×1000000000

《Bパターン》
知り合った時
♥×1
初めてのデートで
♥×100
初めてキスした日
♥×100000000
初めてケンカをした日
♥×0・1
仲直りをしたあと
♥×100000000

今
♥×10000000∞
（∞←〃無限大〃って入力して変換すると出ます。関ジャニ∞でも、あたしの携帯は出る）

このように好きの気持ちをハートマークの絵文字と、数字で表すだけ。

メールにハートマークの絵文字が付いているだけで誤解する男の人は多いらしい。

それを踏まえた上で女の子らしい可愛さをプラス。

Aパターンは、デート直後や『おやすみメール』の代わりに。

Bパターンは、互いに少しマンネリを感じ始めた時期や、ラブラブ中に。

ちなみにあたしは、この『♥×100』を、スクロールしないと出ないように入力します。

意味わかりますか？

件名に「あたしの気持ち」と入力して、本文はスクロールしないとなかなか出てこないようにするんです。

いたずらっぽくというか、茶目っ気たっぷりのラブメールですわ。

好き！　好き！　と100回言うより、

好き？　好き？　と100回聞くより、

♥の絵文字×100　の方が、男には可愛く映るみたいです。

ほんま、チョロいなあ……。

電話をかける5分前に、ひとモテ勝負。

携帯電話が普及する以前、電話というものは、予告も、前触れもなく突然にかかってくるものだった。

だからこそそのマナーがあった。

夕食の時間は避ける、22時をすぎたら家族の方に一言詫びる——とかさ。

じゃあ「携帯は1人1台が普通でしょ?」なんて言われる今の時代の〝電話マナー〟は? と、考えた。

そして、誰に教わったわけでもない、そのマナーを〝ほぼ〟忠実に守ったあたしは、「気遣いさん」の称号を手に入れたのである(いちいち大げさ?)。

はい。

では――「声が聞きたい」の5分前に、ひとモテ勝負といきますか!

実に簡単なことですよね。

「今から電話しても平気?」

「少しお話がしたいんだけど、迷惑じゃないかな?」

「声が聞きたいな♥ 今、大丈夫かな?」

と、メールを1通送るだけの話です。

♥の絵文字がこの場合に、どのくらいの威力を発揮するかはわかりませんが、少なくとも『人に対して気遣いのできる子』という印象は与えられます。

生まれたときから、携帯電話がある環境で育っている人たちには「なんで?」と思われるような、このモテマナー。だけど、仕事を持っている男や、ちょっと大人の男たちには「なかなかデキるな、この娘《ムスメ》」と、結構評判がイイですよ。

気遣いってさ、重要ポイントでしょ?

お皿におかずを取り分けたり、空いたグラスを端へ寄せたり、そういう気遣いができる人はたくさんいるのに、電話の前に『たった1通のメール』で断りを入れることができない人が多いのはなぜ？

できない（やらない）人が多いおかげで、この程度のことをするだけで、ものすごく重宝がられます（甘えと気遣いのダブルパンチだから当然っちゃあ当然だろうけど）。

やってない人はぜひやってください。

やってるよ！　って人は、最高です。どうぞ、そのまま。

自己紹介代わりにメールに貼り付けるもの。

10代前半から20代前半の、メンズに対してちょっぴり消極的な可愛い後輩たちから「こんな私でも男の子に興味を持ってもらえるようにするにはどうすればいいですか?」と、これまた可愛く恋愛相談をされた時に、あたしはこうアドバイスしています。

見せブラ、見せパン、見せ財布ならぬ『見せブログ』を作ってみれば?

そしてその〝URL〟を、彼に送る初めてのメールに貼り付けんねん――と。

世の中、積極的な女の子や男慣れした〝美人ちゃん〟ばかりじゃない。

親しくなりたい彼がいても、どんな風に自分を売り込めばいいのかわからない女の子だって大勢いる。

そんな女の子の強い味方が『見せブログ』じゃないかなーなんて思ったりし

て。

気に入った男の子に見せるためのブログ。おしゃべりがうまくなくても、ボディタッチができなくても、文字と写真さえあれば、男ウケするセルフプロデュースが可能。

その『見せブログ』には、とにかく男ウケする内容ばかりを綴るんです。

たとえば毎週月曜日は『手料理日記』を書く。

女の子らしいキッチン回りや女の子らしいアイテム（ランチョンマットやお箸置き）、作っている最中の写真をバシバシ撮ってアップする。「どこそこに食べに行きました」という写真付き日記よりも、同じ食に関する日記なら、手料理の方がだんぜん男ウケがいい。

たとえば毎週水曜日は『ＤＶＤ鑑賞日記』『今読んでいる本を紹介する日記』を書く。

ＤＶＤ（映画）や本は、その人の思考が読みとりやすいキーアイテムなので、自分を知ってほしい、また共通項を見つけてほしいなら、ぜひ。また「本を読んでいる」と思われるだけで「知的な部分をも持っている娘だ」と、イイ評価を得られたりもする。

たとえば毎週金曜日は『お悩み日記』を書く。

どんな悩みを持ち、どんな考え方を持っているかを綴れば、中身を知ってもらう良い機会になるし、それに対する答えや意見を彼が言ってくれたり、メールをくれたりするきっかけになりやすい。

女の子の多くが好きだとされている、コスメや美容・オシャレ・芸能ゴシップ・ダイエットネタなどは一切省いて、内面を知ってもらうため、そして男ウケのみを狙ったテーマに絞った『見せブログ』で、セルフプロデュースをするんです。

そしてそのブログのURLを「イイな」と思った彼との初メールの、〝1通目のいちばん最後〟に「ブログやってるんで、よかったら見てください」の一言を添えて貼り付ける。

積極的な女の子や、美人ちゃんに負けないでいようと思ったら、テクニックを使って興味を持たせるしかない。

他の男にも使えるように（?）、コメント欄やトラックバック機能は一切カットして、ブログの向こうに「彼がいる」と思って、文字と写真を使って積極的に自分をアピールするんです。

ブログじゃボディタッチはできないけど、彼のココロの内側に〝あなたの内なる魅力〟を伝えることはできると思う。実際に『見せブログ』をあたしからすすめられた後輩たちは、それをきっかけに付き合ったり、友達以上恋人未満のところまで関係を進められたり、それぞれに恋愛を楽しんでいます。

そうそう。

メールと同じくブログも、絵文字は極力少なめに。

絵文字や顔文字はピンポイントでのみ使うことを強くオススメいたします。

ラブメールは『数撃っても当たらない』

「メールがマメな男はモテる」

などと書いてある男性誌をたまに見る。

確かに――愛情を「回数」で確認しがちな女の子にはモテるかもしれないな、とは思う。でも回数より「内容」で愛情を感じるタイプの女にとっちゃウザいこと この上なし。

1日に20通も30通も届くメールには、「こいつ、自分を押し付けてばっかだな」「相手が〝迷惑〟してるかもなんて、考えてすらないんだろうな」と思ってしまう。

よってあたしの自論は『ラブメールは数撃っても当たらない』だ。

数よりも「内容」と「タイミング」に重きを置いて、ドカーンと一発。

「内容」と「タイミング」さえ間違えなければ、たったの1通で大物を仕留められることもある。

今日はそのコツを少々。

◆件名は必ず書く

「Re：」のままにはしない。

◆改行をつけて読みやすく

◆流行（？）の書き方は控える

「ょ」「w」「ぁぃぅぇぉ」などは極力使わない。

◆できるだけ長文は送らない

「長文」になりそうな時は電話にする。

◆彼が「返事を書きたくなる」メールを意識する

「返事しなきゃ」ではなく〝返事を書きたくなる〟メール。

◆彼の手が空いている時間にタイミングを合わせる

「通勤・通学時間」「お昼休み終了30分前」「定時」「寝る前」など。

◆メールでは極力ケンカをしない
ケンカになるような話はしない、させない。
◆絵文字は少量で効果的に
◆感謝のメールは素早く送る
◆謝罪のメールには絵文字・顔文字を使わない
◆謝罪のメールは、しばらく時間を置いてから送る
◆メールでの言葉遣いは、極めて女らしく。特に語尾に気を遣う

あたしの知り合いで、ほとんどがサクラばかりの出会い系サイトを利用し、次々に「生の女の子」を捕まえ、本当に出会って（エッチして）いる男がいる。

何を隠そう、あたしもその「捕まえられた女」のひとりだ。

数年前、友人に頼まれ出会い系のサクラのアルバイトを短期間だけしていたことがある。もちろんあたしはサクラだから、出会いなんてコレッポッチも探していなかった。

だけど、彼のメールだけは他の男のそれとは違い、やり取りが純粋に楽し

かったから会ってみた。

ただし、エッチはしてません↑ルックスはタイプじゃなかったので↑わざわざ書くところが怪しい？↑でもほんまに、してないからっ！

彼のメールと、普通の男のメールは何が違うか？

右記で書いたことをすべてマスターしていたのは、もちろんのこと、何より「質問の仕方がうまい」「欲求を見せないのがうまい」「タイミングが絶妙」なのだ。

◆1回のメールの中に、相手の名前を最低でも1回は必ず入れる。

◆自分の体験を短くテンポ良く書いていて、それに関する質問を最後に入れる。

例：「俺、今日階段から落ちちゃってさ。れぃちゃんは、転んでないかな？大丈夫かな？」

例：「電車の中で痴漢に間違えられそうになって、ヤバかったよ。れぃちゃんは痴漢に遭ってないかな？　もしも痴漢に遭ったら勇気を出して〈やめてください！〉って言えよー?!」

◆**欲求は隠しつつ、好意は伝える。**

例：「れぃちゃんと一緒に飯食ったら楽しそうやなーと思いながら、俺は今日も1人でラーメンです」

例：「仕事帰りに仲間と行ったお好み焼き屋が激ウマやった！　れぃちゃんはお好み焼き好きかー？」

※『できれば会って食べに行きたい』と思ってはいるけれど、それは匂わす程度にしておくのがコツらしい。

◆**相手の生活スタイルに合わせたメールをタイミング良く送る。**

◆**返事を出させるには【追伸】をうまく使う。**

例：8時00分（通勤・通学途中）

「今日も頑張れよ！　俺は今から外回り。じゃ、また昼にメールするな！　【追伸】上司にセクハラされんなよー。」

例：12時30分（お昼休み中）

「飯食ったか？　ちゃんと食えよ！　女の子はちょっとくらいポッチャ

リしてる方が可愛いし。って、俺はれぃちゃんの彼氏かよ！【追伸】外回り中に可愛い子を発見！　もしかしてこの娘が〈れぃちゃんかも？〉って思ったら付いていきそうになったわ！」


ね？　思わず、返事を書きたくなりませんか？

え？　ならない？　「なる」って言ってくれっ！

しつこすぎず、くどくなく「返事がほしいから、あえて質問で終える」などの小細工もわざとらしくない。あくまでも自然体でテンポ（ノリ）が良い。人の心理として「楽しい」「嬉しい」と感じたメールには、『義務』ではなく返事を〝返したくなる〟もんです。

相手に『義務』でメールを返させないようにするには、たくさんのメールを送るのではなく『内容』を充実させることだとあたしは思います。

ラブメールは〝数撃っても当たらない〟これ鉄則！

Lesson 3

このセリフで、モテれ

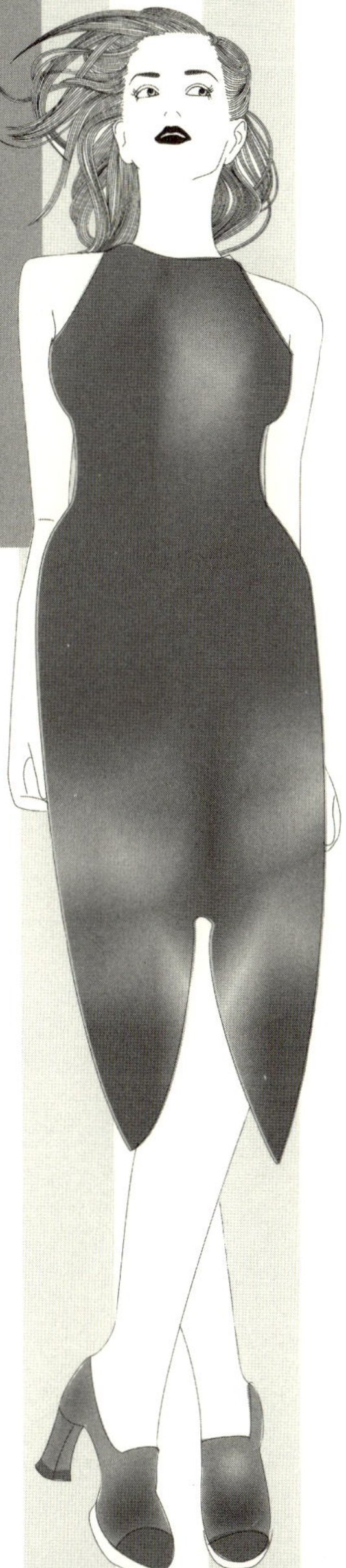

「美人に生まれたかった」の一言はこう使うとモテる。

「美人に生まれたかった」「可愛く生まれたかった」

日夜思ってます。ええ、そうですとも。だって素顔が汚物のあたしです。

ほっとけ！

好きな人の前で、彼氏の前で、このセリフを嫌味なく言うのは簡単なようで難しい。

「そんなことないじゃん。十分可愛いよ」

って言われたいから言ってる、なんて思われたくないし、繰り返し言いすぎるとネガティブオーラが出てしまう、この手のセリフ。

さて、そんなちょっと扱いの難しいこのセリフをどうすればモテに繋げることができるのか？

フフフッ。

これはいいですよ？　明日から使えますよ？


「○○君ってメンクイなんでしょ？　私も美人に生まれたかったな。そしたら○○君の彼女になれたかもしれないのに……」

コレね、コレ。

いくらでもバリエーションを作れます。

「○○君ってエビちゃんみたいな女の子が好きなんでしょ？　私もエビちゃんみたいな顔に生まれたかったな。そしたら○○君に好きになってもらえたかもしれないのに……」

とかね？

ポイントは唇を尖らせて、小さな子どもみたいに軽くスネながら言うこと。

〝美人に生まれたかった。なぜなら、美人でありさえすればあなたに好きになってもらえたかもしれないから〟

つまりは、『あなたが好き』って言ってるわけです。

あとはその彼がどういう行動に出るか、それだけです。

恋愛は押した後は必ず引く。種だけ撒いて、あとは待つ——これ鉄則。

女の子にここまで言わせて、何の行動も起こさない男はアホですわ、アホ。

美人が言うと嫌味なセリフも、そうでない女の子が言うから効果があるんです。

軽くお酒が入った時や、送りの車の中で、友達以上の関係を求めたい時など、あらゆる場所で、どんな相手にでも使えるかなりできるセリフです。

これマジでかなりモテ度が上がります！　そりゃもうヤバいくらいになっ。

「前にこう言ってたよね」の一言はこれを付け加えると効果倍増。

以前にした会話を覚えていて、次に会った時に「そういえば、こないだ言ってたあの話だけど……」と話を振る。

モテる人は男女関係なくこれがうまい。

「覚えててくれたんだ」ってのがポイント高いんですよね。

その話が〝なんでもない小さなこと〟ならなおさら嬉しかったりする。

その「前にこう言ってたよね」に、あともう一言付け足すとよりモテ度が上がります。

付け足す言葉はいたってシンプル。

「そんな前の話、よく覚えてるね？」と彼から言われたら、こう返すんです。

『○○君の話は心にスッと入ってくるのに、なんでだか、いつまでも頭から離れないの。だからずっと覚えてる』

このセリフは、彼の目をジッと見つめて言うよりも「なんでだろ？　ほんとに不思議」ってな感じで言う方が効果があります。

10年以上使ってるこのセリフですが、狙って（媚びた顔して）言うと「また、うまいこと言って！」と流されることが多かったんです。

だけど狙わずに言うと相手の態度がわかりやすいぐらいに変わったんです。

「えっ？　今のどどどどどど……どういう意味?!」みたいな感じになる。

少し媚びた風なセリフだからこそナチュラルに言う。

それが思わぬ効果をもたらします。疑う前にぜひ、お試しあれ！

彼に触られたら、この一言を冗談っぽくプラスせよ。

引き続き、人気のモテセリフシリーズです。

どこに触れられてもいいんです。
いやいや、そのあの……変なところとちゃいますよ？
なんか言うたら、シモの方、シモの方へ話を持っていこうとして。
エッチな読者さんたちばかりだこと、ってなんのこっちゃ。

さて、たとえば頭をポンポンと触られる。
車道を歩いていると「危ないからこっちを歩けよ」と手を引かれる。
「相変わらず、おまえの顔は丸いな」と頬をつねられる（ツンツンされる）。

好きな彼からこの手の軽いボディタッチがあったらすかさず言いましょう。

「あ！　今、好きになりそうになった」

あくまでも冗談っぽく言うようにしてください。

本気モードで言うと、彼と場の空気が〝どう答えたら良いのかわからなくて〟固まります。


♥の絵文字や音符の絵文字1つで、舞い上がるかわいい男たちには、このくらいの軽めの『好き』を2、3度打ち込むのが効果あるんです。

「少なくともアイツに嫌われてない」という安心感と、「2度（3度）も言うなんてもしかしたら、アイツ……本気で言ってるのかも」という自惚れ。

この2つをセットにして与えてあげてください。

最近の男は奥手で傷つきやすいときてますから、これぐらいのジャブを与えて「告白しても振られないかもしれない」という自信をプレゼントしてあげてください。
ただし「今、好きになりそうになった」は3回までしか使わないようにしてください。
あまりに多く使うと、それこそ本当に冗談として流されてしまうからです。
ねっ？

脈あり？　の彼には何気なくさりげなくこう言いましょう。

「もしかしたら彼も私を少なからずは思ってるんじゃないかチラ？」

自惚れなんかじゃなく、たぶんきっと……脈がある。

好きだから告白したい。だけど振られるのは怖い。それにどうせなら告白されたい。

ですよね？


女の子は振られることを〝怖い〟と思ってしまう生き物。

だけど男の子は振られることを〝カッコ悪い〟と考えてしまう生き物。

大昔にお付き合いしていた精神科医のセンセーがそう言ってました。

『振られるなんてカッコ悪い。だから告白なんてできないよ！』と言う昨今のナイーブな男の子たち。

そんな彼らを好きになってしまった女の子たちに、救いの手を差し伸べたい。脈があるかもしれない彼には、何気なくさりげなくこう言ってみてはいかがでしょ？

『1度でいいから告白されてみたい』

片思いの彼（たぶん脈あり）と恋愛の話になった時、

「私いつも自分から告白してばっかりなの。1度でいいから告白されてみたい……」

思いつめた風に言ってしまうと、恋愛偏差値の低い男の子たちは戸惑ってしまいます。だから、さりげない風をよそおいつつ彼の目をジッと見つめて言うようにしてください。

『あなたに告白されたいんだよ、わかってる？』の思いをたっぷり瞳に込めて、言いましょう。

『好き！　好き！　大好き！』と強く思いながら相手を見つめる時、人は目の中の瞳孔が開き黒目がちの潤んだ瞳になります。これホントね。

〝脈がありそう〟な彼に、

「私はあなたを振りません」

「私はあなたの告白を待ってるのよ」と『**大丈夫サイン**』を送る。

『振られるかもしれない』

というハードルを下げてあげることで、彼らが告白しやすいように仕向ける。

これだけのことで、恋は必ず動き出します。

応用編

たとえばこんな風にアレンジしても使えます。

「1度でいいから男の人とデートしてみたい」

「1度でいいから男の人からデートに誘われたい」

「1度でいいから男の人と遊園地に行ってみたい」

『1度でいい』つまり『今まで経験がない』ってこと。

男は、その女にとっての〝初めて〟になりたがる生き物です。

この「1度でいいから」のセリフには、世の男が大好きな〝初めて〟のキーワードも含まれているわけです。

精神科医と付き合ってた過去があるだけあって、春乃れぃちゃん、なかなかオイシイとこ突いてまっしゃろ？

とにかくこのセリフは使うべきです。

もちろんあたしも使いまくりです。

「1度でいいから、男の人と自転車に2人乗りしてみたい」とかね？

50人くらいと2人乗りしてますけど、いいのいいの。

ウソも方便。それでメンズが尻尾振って喜ぶなら問題ナシ！

一般男子に効果的。強いインパクトを与える褒めセリフ。

「褒め上手」がモテる女への近道だとはわかっていても、具体的にどんなところをどんな風に褒めればいいのかがわからない女の子は多いと思います。それに、相手のタイプによって褒めるところを微妙に調整しなければ「わざとらしい」「それってイヤミ?」などと思われてしまったりもする。

たとえば、背の高い男に「背が高くてステキですね」と褒めるとしましょう。その彼がチェ・ホンマンでない限り(?)、恐らく悪い気持ちにはならないはずです。だけど、その褒めセリフだけでは強い印象が残らない。なぜか——だって彼は高身長に関する褒め言葉は言われなれているだろうからです。

どうせ褒めるのなら彼をイイ気持ちにさせたり「この娘、俺に気があるのかな」と思わせるよりも、もっと強いインパクトを残す、何度も頭の中でリフレインするくらいの強烈な褒めセリフを言ってみませんか。

「○○さんみたいなタイプの人って、探そうとしてもなかなかいないと思う」

こう言うとたいていの男は「どういうところが?」とか「どういう意味?」などと聞いてくるでしょう。時に「よく言われるんだー」などと、女ゴコロと空気の読めないアホ発言を返してくる男もいますけどね。ま、とにかく「どういう意味?」「どんなところが?」と聞かれたら、こう答えるんです。

「だって頭の回転も速いし、話してて楽しいし、なのになんでかすっごく落ち着く。それにオシャレでしょ。ん?……って思うところが1つもない人に会ったのなんて、私はじめてだと思う」

頭を褒める(学歴ではない)、話術を褒める、人間味を褒める、センスを褒める、そして最後に男が大好きなキーワード『はじめて』を使って、褒めちぎる。褒めのデパート、オンパレード。ちなみにカラダの弱いあたしは、口の悪い友人たちによく「病気のデパート」と言われますが、ぜんぜん嬉しくねーし。

褒めまくることで、強いインパクトを与えるのではなく「あなたみたいな人に会ったことがない」「あなたはレアな存在だ」という最初の振りが、彼のココロに強い刺激と快感を与えるんです。そしてまた最初の振りを活かすために、褒め攻撃で攻めるんです。

ものすごくモテる、褒められることに慣れている男ではなく、ごく一般的（もしくはそれ以下←失礼！）な男に言うからこそ、驚きの効果が得られるんです。

「すごくモテるでしょ」とか「脚長いですよね」などの褒めセリフの効果が薄いとは言いません。

だけど、どうせウソを吐く、いや違う。どうせ褒めるなら、スッと耳に入ってサッとココロに溶ける褒め言葉よりも、スッと入って長く効く、どこぞの胃腸薬のような褒めセリフを言う方が、モテ度はぐんと上がります。

その一言が、モテなくさせる。

あたしの知り合いにも何人かいる。

誰かの意見に対して、揚げ足をとったり、反対意見しか述べなかったり、偉そうにうんちくを垂れる人。

もちろん彼女たちは三十路を超えた今も独身で、彼氏もいません。

そういう性格が、どんどんと男や友達を遠ざけてしまい、そしてそれが彼女たちを、どんどんと男不信（人間不信）にするという〝激悪スパイラル〟にハメてしまっている。男の意見に反論するな、ってんじゃなくて、反論の仕方を間違えるなよ……ってことなんだけど、わかってないんやろうなぁ。

つい反論してしまってモテない人にこそ読んでほしい。

『男ウケの悪くならない、モテ反論の法則』

ぶっちゃけ、その一言をグッと飲み込むしかないよねぇ。←役立たずな意見

まずね、そもそも考えてほしいんですけど、人は誰だって、自分の意見や考えに反論されると多少はムカつくってこと。

まあ、ムカつきはしなくても気分は良くないやん？　それでも一言言いたい。反論したいならば、まずは〝1番言いたいこと〟をグッと飲み込むべきやと思う。

「男ウケの悪くならないモテ反論」の仕方は、それがどれだけカチンとくる意見であろうとも、まずは相手の意見を立てることから。

「さすが」「そういう考え方もあるのか」「勉強になる」

などと、とりあえず彼を立てておいて、その後で「私はこんな風に思ってた、それについてはどう思う？」と意見を求める。

決して頭ごなしの反論はせず、彼を立ててから、自分の意見を言う。

これだけで、男があなたを見る目は全然違うものになると思います。

つい反論してしまう人は、最後まで人の話を聞いていない場合が多い。

相手の話の途中で引っかかることがあれば、カッと頭に血がのぼり、言葉がクチから飛び出してしまう。

だから、まず聞こう。

そして、次は立てよう、褒めよう。

それから、話し始めましょう。

これを心がけるだけで、人を遠ざけていた反論グセさえ、モテに繋げることができます。

男を喜ばせる簡単な二文字。

『もっと！』

これこそが、男を簡単に喜ばせられるモテゼリフの代表選手です。

「もっと、一緒にいたい」「楽しいお話をもっと聞かせて」「こんなことなら、もっと早い時間からデートすれば良かった」「もっと、右（？）」などの『もっと』には可愛い甘えやおねだりの意味が入っています。

否定的なことを言う時に使う「もっと」、たとえば「もっと早く帰ってきてよ」「もっときちんとできないの？」「もっと、私をかまってよ」などは、相手に不快感を与えたり、プレッシャーを感じさせてしまうのですが、そうではないポジティブな「もっと」には、男を喜ばせる蜜の味がします。

使い方を間違えると命取りになりかねない『もっと』ですが、正しく使いさえすれば簡単に男を「喜んでくれてるんだな」「俺と一緒にいて楽しいと思ってくれてるんだな」と勘違い（?）させられる、本当に優等生な三文字です。

ぜひ、賢く正しくお使いください。

「そのセリフ」は男の背筋を凍らせる。

言葉は生きている。

だから、誰かを喜ばせたり怒らせたりする。

遊び仲間の男の子たち5人と久しぶりに食事に行った。

次々に皿とグラスを空にしていくあたしたちの会話は、2ヶ月で彼女と別れたY君の〝別れた理由〟へと移った。

「なんで2ヶ月？　イイコやって言うてたやん？」

「怖くなった」

その理由を聞いたあたしたちは「わかるわかる」と、口々にうなずいた。

女の子がクチにすることの多いそのセリフは、モテるどころかアッという間に男の背筋を凍らせてしまう。

それなのに、そのセリフを吐く女の子が後を絶たないのは……なぜなんだろう？

「〝あなた以外に何もいらない〟って言われた瞬間サーッと引いた」

「わかる！！！」×5名（あたし含む）

彼らとあたしの体験談だけれど、このセリフ（類似も含）を吐く女の子（たまに男もいる）って本当に多い。

なんなんだろう？

相手が喜ぶとでも思っているのだろうか？

だとしたら、それは大きな間違いだ。はっきり言って怖いよ。

〝あなた以外に何もいらない〟が似合うのは、駆け落ち、逃避行中のカップルだけと決まっておる。

このセリフだけは、軽めの感じで言おうが、切羽詰まった感じで言おうが、重さは変わらない。まさにメガトン級。

モテたいならば、長く愛されたいならば、絶対に言ってはいけません。

《類似》

●別れたら死んじゃうかも。

●浮気したら、相手の女を殺すかも。

●死にたいなあ……。

globeの歌「Wanderin' Destiny」に、出てくるような言葉は、普段の恋愛生活には似合いません。カラオケでは、よく歌う。血管がキレそうになるけどね。

だけど男って聞くんだよね。

「俺と別れたらどうする?」とか、「俺が浮気したらどうする?」とかさ。

そんなくだらない質問には、やさしく答えてあげましょう。

♠「俺と別れたらどうする？」

♥『さっさと次の男、探すけど？』

♠「俺が浮気したらどうする？」

♥『とっとと別れて、浮気しない男を探すけど？』

そして、とどめの一発、

♥『そんなくだらない質問してくるアンタに冷めたけど？』

言葉は生きている。

だからこそ、相手の背筋を凍らせない愛の言葉を選ぶべきだ。

Lesson 4

カラダを磨く、女を磨く

触れさせるための肌づくり。

ニキビが顔中に咲いている男の子や女の子の数は昔より確実に減った。女性ほどではないにしろ、男性も「身だしなみ」に気を配る時代になった。

男性基礎化粧品なるものも増え、売上げはどんどんと上がっているらしいし、実際に今の恋人も眉毛のお手入れは当然のこと、「肌の乾燥が酷くなってきたから、れぃちゃんの化粧品使わせて！」と、あたしの高級基礎化粧品を湯水のように使っている。安くないんやぞ？　わかってんのか、コラッ！

さてさて、では『触れさせるための肌づくり』といきましょか。

今日は「手、首、ヒップ」の3本立てでいきましょう。

手と首は年齢が出る——って言いますよね。

若い頃は「なんだそりゃ」と思っていたけれど、今は「まさに！　そう！　それよ！」と右手の拳を高く上げたい気持ちでいっぱいです。

出るね、本当に年齢が出る。

妙な横ジワが増える。しかも、消えてくれない。

人ってね、よく動くところに目が行くでしょう？

だから「手」の注目度ってかなり高いんじゃないかなあと思う。

毎日毎日かれこれもう15年以上、あたしは顔や体の〝マメ〟なお手入れを続けているけれど、それでもやっぱり1日サボると1日分、肌のキメが崩れてしまっているような気がする。特に冬はダメだね。乾燥は敵だね。許せないね。

ずっと丹念にお手入れをしているから「肌が甘えちゃってる」気もするんやけど、それでもやっぱり手を抜くわけにはいかない。

女ですもの。

あたしは毎週水曜日と日曜日を『女メンテナンスの日』と呼んで、徹底的に全身のお手入れをしています。

1. 全身の毛の脱毛処理
2. 手、足のオイルホットマッサージとネイルの塗り替え
3. 顔と首のパックとオイルホットマッサージと水分補給
4. ヒップ磨き
5. ヘチマコロンの化粧水1本を使い切る勢いで全身に水分補給

諸々合わせて4時間くらい費やしてるわっ!

ホームエステよ、ホームエステ。だってエステに行くお金なんてないんだもん。

5.のヘチマコロンの化粧水なんやけど、数年前かな。久しぶりに会った祖母の歳相応にシワシワだった手や首や素肌が、ありえないくらい艶やかでねえ。

そりゃあもう70歳を軽く越えてるから、10代の子みたく艶やかかと聞かれれば「あんた、性格悪いわね」と返すけれど、それでもあたしや、母よりは確実にキメが整っているように見えてツヤツヤしていたんですよ。

「おばあちゃん、なんでそんなに肌キレイの？　ありえんやん、おかしいやん」と、コスメフリークのあたしと母は激しく追究。そうすると「コレをパシャパシャやってるだけやで」と、

祖母が出してきたのが（少々高級な）ヘチマコロンの化粧水だったわけよ。

もちろんさっそく取り寄せて、家族全員で各自1本ずつ使いまくり。

今でも手と足と首には〝狂気を感じる〟と言われるほど、パシャパシャとこのヘチマコロンを叩きつけて、肌が「モチッ」としたのを確認してから、オイルをたっぷり塗ってボディローションを塗って、オンナ一丁出来上がり。

――で、お次はヒップ磨きについてなんですけど。フフフッ。

あたしがずっと愛用している軽石は、ちょっと変わってるのかな。

他で売ってるのを見たことがないんだけど、ものすごく使いやすい。

太ももの後ろや外側、二の腕の外側、それからヒップ、ヒップと太ももの付け根って時々ガサつきませんか？

あたしはその辺りにガサつきを感じたら、肌にオイルまたは石鹸をたっぷりと塗ってから、愛用している軽石でマッサージを兼ねてゴーリゴーリガーリガーリしているんですよ。※お肌の弱い人は真似をしないよーにしてください。

ヒップや太ももの外側や付け根って、自分でそんなに見ないやん？だから、ついうっかり手を抜いてしまいがち。だけど、セックスの時などにはまさぐられるし、揉みしだかれるし……触られまくるでしょ？

——よって、手を抜けない。手を抜かない。

結局さあ、男も女も自分にないものを相手に求めるでしょう？

肌のキレイな男ももちろんいるけれど、女の肌の方が断然キメ細やかにできてると思うんだ。

男のケツは総じて汚い場合が多いから（失礼！）白くてプリリンとしていて、ツヤツヤしている女のヒップが好きなんだろうし。

手にしても〝白魚のような〟という美称があるように、やっぱり男は見てると思うんですよ。

「触れたいな」

「きっと脱いでもキレイなんだろうな」

と、男に思わせることができる肌づくりを、ぼちぼち本腰入れて始めませんか。

キレイじゃないけど愛らしい人を徹底的にマークする。

タツヤという、7年来の仲良しのメンズと久しぶりに2、3時間の長電話をした。

その時に交わした会話は以下のようなもの。

「やっぱり美人や可愛いと呼ばれる人の数は少ないと、俺は今日改めて思った」

「どうしたん今さら？」

「今日1人の女の子とデートをしたんだけどさ」

「その相手が美人だったの？」

「いや、そうじゃないんだけど……とっても愛らしい人だった」

天然の美人やアイドル級に可愛い人の数は本当に少ないと思う。

けれどお化粧や髪型、服装で〝美人に見える人〟の数は10年前よりも多くなったと思う。

「だけどやっぱり9割以上を占めているのは、やっぱり〝ブサイクちゃん〜普通の女の子〟だよな」

というタツヤの感想が加わり、そしてあたしたちは最終的に、『美人ではないけれど、愛らしい人』ってどういう人のことを言うんだろう、という疑問にぶつかった。

美人じゃないけど、愛らしい人……。

美人じゃないけど、愛らしい人……。

芸能界には『ブサイクキャラだけど魅力的な人』は多いような気がする。

だから、そういう人たちの言動を徹底的にマークした方がいいように思う。

明るさ、天真爛漫さ、無邪気さ、人懐っこさ。よく笑い、ノリが良くて、常に笑顔で性格が良さそうなところ。少量の勘違い発言なんかも、その魅力的なキャラがあるからこそ、笑って許せるし、愛らしく感じられる。

人懐っこい笑顔は、人の心を簡単に開く。

ハタチをすぎたら、自分の顔には自分で責任を持たなきゃいけない。もちろん、言動のすべてにも。

美人じゃないから、なんなんじゃい！

素顔が汚物で悪いんか！　開き直りも必要なんじゃ！

でもやっぱり時々、整形したくなるのよねえ……不思議よねえ……

不潔？　清潔？
その境目で「モテ」が決まる。

いまだかつて「清潔そう」「爽やかそう」と人から言われたことがない。

もちろん「不潔っぽく見える」と言われたこともないけれど、『動物園のニオイがする』と言われた過去はある。超トラウマ。

「清潔感」というのは、それだけで「モテ」に繫がると思う。

無論、それだけでは——確かに足りないんやけどね？


どれだけ毎日お風呂に入っていても、どれだけ着飾っていても、不潔っぽく見える人がいる。

ラインのとれてないリップに、はげかけたネイル（特に足）。

サイズの合っていない服、かかとのストラップを踏み付けたサンダル。

こんな小さなこと――を「だらしなさ」「不潔そう」に直結させるのが男の目の怖いところ。

〝押さえておく所を押さえない〟で、モテを目指したってムリ。

男の目が、どこを見てるか、どこをチェックしているのかを知らなければ、抱き込んだあらゆるモテるためのテクニックは、out of focusで終わってしまう。

だから今回は「外しちゃいけない清潔ポイント」を少々。

◆ヘアカラーリングの「とれかけ」

たいていの男が〝自分より〟背が高いことを考えると、頭のてっぺんのカラーリング落ちは、どうしても隠せない。

それが「不潔そう」に見えるか「だらしなさそう」に見えるかは……周囲にいる人を見渡せば、答えがきっと出るんじゃないでしょうかっ。

◆ヒジ、ヒザ、くるぶしの黒ずみ

半袖やノースリーブ、素足になる季節に、この部分の黒ずみはかなり目立つ。それを見たからといって「嫌い」になられることはないだろうけれど、〝お手入れ不足〟は男の目には決してキレイには映らない。

可愛らしく着飾っているなら、なおさら目立つ箇所だから気をつけて。

――『顔のてかり』

赤く火照っている肌や汗ばんだ肌が、減点の対象にはなることはないだろう。だけど、化粧がはげてきて、〝てかり〟や〝化粧浮き〟が出てくると要注意。自分には体験できないその〝てかり〟や〝化粧浮き〟を男は理解できないから「それ、どうにかしろよ」と思ってしまうものらしい。

脂とり紙や、お化粧前のお手入れ（毛穴を引き締めるなど）をマメにすることをオススメします。

◆足のかかと

あたしは『かかと教の教祖』なので、足のかかとについてはクチを酸っぱく言っているけれど、男は女の「足のかかと」を結構見てるよ？　超見てるよ。だって男は〝足首〟が好きだもん。

足首に目をやると、「足のかかと」が視界に入るのは自然で当然。

そこが〝がさがさ〟だったり〝かちかち〟だったら……？　あたしが男なら、かなりドン引き。

◆too much　アイメイク

ギャルを見てて、汚《お》っ！　と思ってしまうのは、やりすぎのアイメイクが原因の1つだろうなと思う。

可愛い顔の子が多いのに、目の周りを黒く囲んだやりすぎのアイメイク。

パッチリとした大きな目にしたいのは、すんげえわかるけれど……。

それならば、ホワイトのペンシルやアイシャドウ、普通のアイライナーをもっとうまく使わないと。

〝きっちり〟と作りこんだアイメイクと、ただの〝こってり〟アイメイクは全然違うから。

後者には明らかに「品」を感じないと、メンズたちは申しております。

◆パンツで足を広げて座る

スカートの時はそうでもないのに、
デニムを穿くと股を開いている女の子を多く見る。
〝すぐ、ヤレそう。緩そう〟――そんな印象。
あくまでも印象やけど、そういう「だらしなさ」を男が感じてしまうのも事実。
ボーイッシュなのと、女らしさがないのは、似ているようでまったく違う。
以上。まずは基本中の基本を書きました。

ただし――

これが『魔性れ。』（小社刊）だったらちょっと違うんだよね。

色気ってのは、ちょっと「崩れたところ」や、ちょっと「緩いところ」から

にじみ出てくるものだから。

だけどこれは『モテまくれ。』なので、この5ポイントははずしちゃならんのです。

恋愛に臆病な女には悪い虫がつきやすい。

『傷つかずに恋愛をできる方法を教えてください』と書かれたメールをいただいた。

そんなんナイやろ。

「若い娘の方がいい」と言われて傷つき、振られて傷つき、女磨きの最中に、どうしても越えられないコンプレックスにぶち当たって傷つき、皆そうやって、がんがんボコボコ、あっちこっちにぶつかって傷だらけになって、それでもまた恋に落ちてしまう。恋愛なんてそんなもんです。傷つかない恋愛なんて、世の中どこを探したってありゃしない。

とは言っても、大失恋がトラウマになって次に進めない人はきっと多いんやろな。

仲のいい友達の中にも、信じてた彼が浮気相手を妊娠させて、自分を捨ててその女と結婚したとか、大恋愛の末ようやく結婚した相手の裏切りで離婚してから、自分に自信がなくなったなどと言ってるコがいる。

あまりにも大きな痛みを味わってしまったから「次に進めない」と彼女たちは言う。確かにそれはわかるし、あまりに泣いている彼女たちを見ていたら、代われるもんなら代わってあげたいって思わないでもない。

だけど、そんなん無理な話やん？

自分の代わりなんて世界中どこを探してもいてないねんから、自分の痛みは自分でどうにかして、治すしかない。どれだけ仲のいい、どれだけ大好きな友達が目の前で苦しんでいたとしても、痛みだけはどうしたって代わってあげられないから。

——で、本題の『恋愛に臆病な女には悪い虫がつきやすい』に入ります。

それはなぜか？

悪い虫がつかないためには、どうすれば良いか？

過去の恋のトラウマによって、恋愛に臆病になった女には、本人の意識に関係なく〝そういうオーラ〟が出てしまっているのです。

彼氏がいる時に限ってモテるのも、そういう『幸せのイイ女オーラ』みたいなものが出ているから。

失恋したばかりの時に男が近寄ってくるのも、『悲しくて寂しくて……私、どうすればいいのかしらオーラ』が出ているから。

悪い男からすると前者は落としにくく、後者は落としやすい。

それと同じで、恋愛に臆病オーラを出している女は落としやすい。

だから、悪い男が近寄ってくるんですねえ。

じゃあどうすればいいか？

「私は恋愛に臆病じゃない！」という風にしていればいいか？

ノンノン！

悪い男は、優しい風を装った悪魔の言葉でそこを突いてきます。

「強がるなよ」

「俺にはわかるよ」

「無理すんなよ」

「俺の前では泣いていいよ」

とか言ってさー。

で、そんな悪魔の囁きにコロッとなって、サクッとエッチして、連絡が取れなくなって……恋のトラウマ、もう1丁あがり！　って、トラウマスパイラル。

あかんがな。

そうならないためにすべきことは、〝自分に自信をつけるために〟何かをヤル。というか、やり遂げること。

恋愛に臆病になってしまった女は、同時に自分への自信も喪失してしまう。だから、そんな時に必要なのは悪魔の囁きを跳ね除ける、自分を信じる強さです。

前述した友達2人の片方は、今、アロマテラピーの資格をとりたいからと言って猛勉強をしている。

もう片方の友人は「次は絶対に外国人と結婚する！」と、決めたらしく、英会話教室に通いながら、あたしにも英会話を（電話で）習い、猛勉強中。

イイ男は、女の揺るがない自信に惹かれる場合も多いけれど、悪い男は自分に自信がないから、女の弱みに付け入ってくる。

もう2度と恋で大きな傷を受けたくないのなら、ヘタな男をつかまないために、イイ男とまた恋をするために、自分に自信をつけてください。

「そんなことより早く、1人にでも多くモテたい！」って思うかもしれないけど、でもね。外見や仕草、若さなどで惹き付けた男を〝虜《とりこ》〟にし続けるのには、内面を磨くことも絶対に大事やと思うよ。

これはね、三十路を超えたら実感する。

その時になって慌てても、もう時すでに遅し――かもしれんのやから。

だから今のうちにな？　外見も内面も磨きに磨いて、揺らがない自信を育てようぜ。その自信は、今後どんな困難にぶち当たっても、あなたを守ってくれる最大の武器になるよ。

赤ネイルと足ネイルは、モテるとモテないの境界線。

ネイルに気合いと情熱をかけている女の子は少なくないと思いますし、ネイルサロン未経験のあたしなんかは指をくわえつつ「いいなー」なんて羨ましがったりしているわけなんですが、はい。そこの人。

〝やりすぎネイルアート〟が案外、メンズに不評なことをご存知でしょうか。「彼女たちが好きでやっているんだから、別に何も言わないけど、ほとんどの男はキラキラネイルに興味はないよ。まず、その爪で料理はムリだろ、作ってねーだろって思うし」という声の多いこと、多いこと。

先日取材でお伺いした某雑誌社の男性編集者の皆さま方もまったく同じことを言ってらっしゃいました。そしてその上で「赤い色のネイルや原色カラーのネイルは……ナイね」とも申しておられました。

そう。赤色のネイルはとても難しい。

かくいうあたしも、長らく足の爪のみ赤ネイルを使用していたんですが、あまりに酷評を受けるので、あっさり卒業いたしました。

「ネイルを塗ること、飾ること」に問題があるのではない。指の先にいたるまで気を遣っているのなら、それはそれで結構なことだとも思う。ただ、あくまでも可愛くあってほしい。清潔感はなくさないでいてほしい。

〝その最中〟に淫靡《いんび》や大胆さは求めても、ネイルにそんなものは求めていませんよ——というのが、あたしに「男とは！」を語ってくれる自称スーパーアドバイザーの70人のメンズと前述した男性編集者の皆さんでした。

なるほどね。ほんと、いい勉強になるわ……。

そしてお次は「足ネイル」です。手の指のネイルには気を遣いすぎるほど気を遣っているのに、足のネイルが微妙に「ハゲかけ」「微妙なパステルカラー」「微妙にラメラメしている」女の子が多いのはなぜだ？　と、聞かれました。

んなこと、知るかよ。あたしに聞くな。と言いたい気持ちをグッと抑え――きれずに、何が言いたいのかを問うてみたところ、こんなアンサーが返ってきました。

「結局、見えるところだけキレイにしてればイイ、と考えている娘なんだな」と思ってしまうらしい。

男って、見てほしいところは気づかないで、見てほしくないところを本当によく見ている。まるで、嫁イビリが趣味な姑のようだ。ケッ！

というわけで、爪の先まで着飾るのなら「赤ネイル」と「足ネイル」には注意しましょう、お互いに。いや、ほんとに。

モテ度をアゲる上半身の見せ方。

今よりもアンポンタンだった若い頃は「あるモノは見せなきゃ損！」とばかりに、片乳をほっぽり出しそうな勢いで、谷間からなんから見せまくっておりました。

だけどある時、気がついたんです。

「確かに男は近寄ってくるけど、〝それ目当て〟の男が99％……いや100％やん」ということに。

隠しておいても目立ってしまうムダにデカいだけの乳やのに「ほれ見ろ！さあ見ろ！」と露出をしてしまっては、男の『その奥を見たい・知りたい』という感情をそそれない。そそれるのは「したい・揉みたい・まさぐりたい」というシモの感情だけだ――ということに、あたしはようやく気がついたんですねえ。

それからというもの、あたしは上半身の肌の見せ方を、上品なのに色っぽく見える人のテクニックを盗んだり、異性の意見を聞いたりして勉強しました。

モテ度をアゲる上半身の見せ方は、胸の谷間を強調することではない。

女性らしい丸みと窪みのバランスを考えて、賢く見せる。そうしなければ肌の露出はただの下品に見えてしまうし、下心100%の男ばかりを引き寄せてしまうだけになってしまうから。

「細い首」「窪んだ鎖骨」「細さと丸みの両方をほどよく感じる肩のライン」「胸元は、谷間は見せずにほどよい膨らみまで」——出すところと隠すところ、女らしい〝か細さ〟と丸みを、バランスを考えて露出する。そうすることによって、過剰でもいやらしくもない、けれども十分に女を感じさせることのできる上半身が完成します。

今は秋冬でもノースリーブニットなどが売られているので、このモテ度をアゲる上半身の見せ方は年中無休で使えます。肌の露出は良くも悪しくも男の視線を集めてしまう。だけどそれを「その奥を〝いつか〟見てみたい」と思わせるのか「とりあえず、今日したい」と思わせるのかは、あたしたち女の見せ方ひとつで決まります。

あ、そうそう。ブラジャーの肩紐が肩からズレて見えているなんてのも、悪い虫しか近寄ってこないので注意するっス！　気をつけるっス！　だらしなく見えるっス！

男は案外、体毛を見ている。

毛が濃いからイヤ、薄いからイイ！　という話ではないんだそうです。

「お手入れ不足が、だらしなさそうに見えることが問題なんだよ」と、あたしの悪い仲間（？）70人の男たちが申しております。

濃くはないけれど、決して薄くもない〝普通体毛〟のあたしが、女子代表として彼らに意見したい。

「処理すんのも、ひと苦労なんだよ。バッキャロー！」

しかし彼らは言います。

「女の身だしなみでしょ」

「永久脱毛すればいいじゃん」

確かにそう、た・し・か・に、そう。殿様たちの言うとおり。

だけど、コイツらわかってない。永久脱毛はそないに安くないんやぞっ！

口を出すなら金を出せっ！

そう。男は処理の大変さ、永久脱毛が安くないことをあまり知らない。だから、言うし思っちゃうんですね――「ちゃんと処理しろよ」って。

本人の許可を得たので、ここである実話を紹介します。

あたしの友人のチカちゃんは、泣く子も黙る体毛の濃い女の子。目鼻立ちの整ったキュートな顔立ちと、グラマラスなボディが羨ましい、はっきり言ってめちゃめちゃ美人ちゃんです。だけど、彼女は毎回男に振られる。それも、必ずと言っていいほど〝初夜〟を共にした数日後に。

「男を抱いてるみたいな気になる」――チカちゃんと夜をすごした男のうち4人から、あたしはそう告げられたことがあります。チカちゃんが振られる理由はそこだった。

「性格もいい、姿かたちも文句なし。だけど、体毛の処理の甘さが男を抱いているような気になるんだ」

彼らは申しわけなさそうに、あたしにそう告げました。

体毛の処理は男が思ってるより大変。あたしもよく手抜きをしたくなる。だけど、男があたしたち女が思っている以上に〈見ている〉ことを知っているから、あたしは絶対に手を抜かない。

最後にもう1度書きます。

体毛の多い、少ない、濃い、薄いは関係ない。

彼らが言いたいこと、あたしが書きたいことはそこじゃない。

お手入れをきちんとしていないということが、彼らの気持ちを萎えさせてしまう、ってこと。

だから見えないところもきちんとお手入れしよう。そして女とカラダを磨こうぜ。

笑顔に勝るモテはナシ？

『女は愛嬌、男は度胸』

この言葉を聞くたびに「女はただ笑ってろってことか？」とムカついていた頃がある。

もうずっとずっと昔だけど。

だけど今は、思う。

「確かにそうやなあ」って。

女はただ笑ってろ、って意味ではなく『常に笑顔でいる女には、世間も男も甘い』ってことを知ってしまったから。

笑顔はモテ道の必須アイテムだ。

それは、その場が明るくなるとか、見た人を幸せにするってな基本的なことだけじゃなくて、実はもっと奥が深い。

いったい、どういうことかというと……、

「ツラかった過去の話を笑顔で話す女を見てると、壊れてしまいそうで、何でもいいから、何かしてやりたくなる」

と、言う男が多いのよ。フフッ。

だけどこれは〝笑顔〟だから良いんであって「笑いながら話す女」だと、ダメらしいわ。理由はわからないけれど。

男が嫌いな女の顔のワースト3は、

- 人の悪口を言っている顔
- 自分（俺）に対して、怒っている時の顔
- ふてくされている時の顔（スネた顔とは別）

なんだってさ。

で、これはお世話になった〝知能犯係の刑事さん〟が言ってたことなんだけど、〝プロ〟の結婚詐欺師の男は、醜悪な容姿である場合が多いらしい。

だけど笑った顔がたまらなく、くったくなくて子供みたいに無邪気で、人の話を聞く時は（取調べの最中でも）満面の笑みを絶やさない——んだとか。

そのぐらい、笑顔は人を惹き付けるもの（騙せるもの）であるようだ。

顔の良し悪しなどに関係なく。

そう言えば、別れた男から「笑ってるれぃちゃんしか思い出せない」って言われたことがあるなあ。怒ってばっかりやったのになぁ……。

Lesson 5

デートで
モテる㊙ワザ

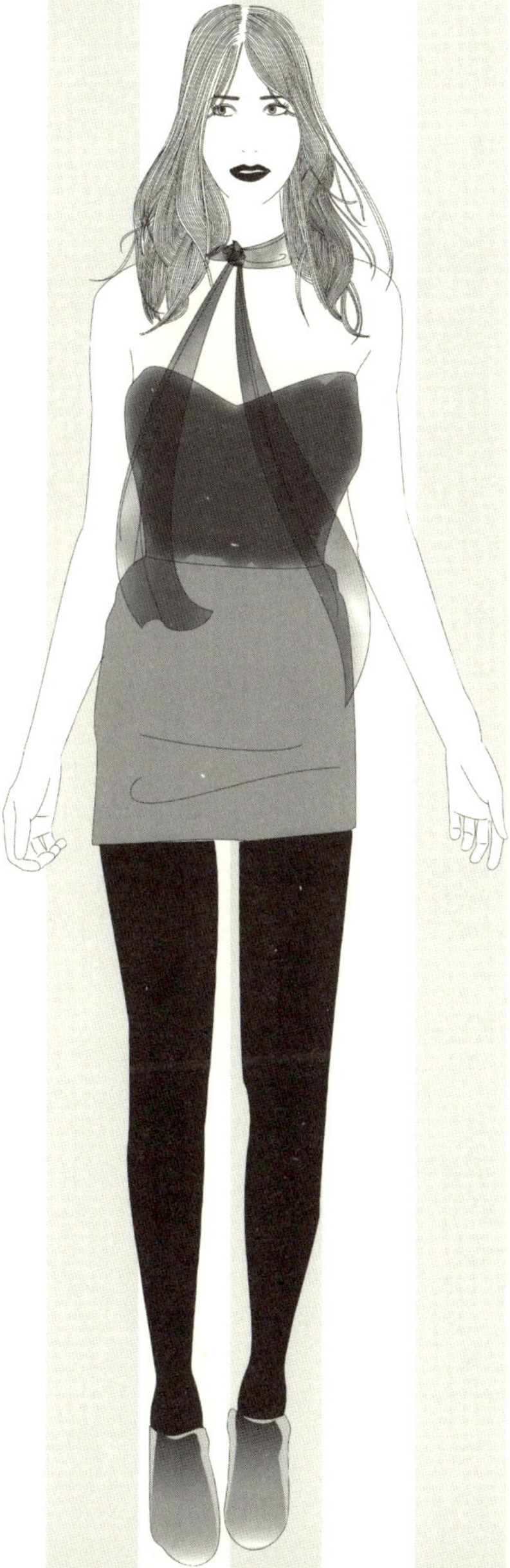

初デートでモテれ。

初デートは〝あなたが主役のラブストーリー〟の明暗を分けます。地獄か、はたまた天国か。

2回目以降のデートが本命候補のそれになるか、セックス要員になるかは、初デートですべてが決まるといっても過言ではないはず。

初デートの『これはやっとけ！』『これはヤルな！』

男心、わかってますか？　大丈夫ですか？

モテる女は、彼にリードをとらせてるように見せて、その実しっかり手綱を握ってます。

デート慣れしたあなたは、おさらいとして。

デート慣れしていないあなたは〝その日〟のための予習として、しっかり読むよーにっ。

◆**待ち合わせ**

大遅刻魔のあたしでさえ、初デートの時は最低でも5分前には、待ち合わせ場所に到着するようにしていました（あたしの記憶が正しければ）。よって、初回から遅刻はやめましょう。

◆**靴**

彼が立てたデートプランが事前にわかっていたら別ですが、そうでない場合、ヒールは気持ち低めの方が良い。車でのデートの場合はさほど気にしなくてOK。

靴は性格が出ます。ストラップを踏みつけた跡がついたものや、汚れたものは問題外。ブーツは最低でも、〝なか2日〟おいたもの（蒸れ臭予防）か、もしくは脱臭しまくったものを。

◆**服装**

服装はカジュアルよりも断然可愛い系。

ぶりぶりのフリフリまではいかなくとも、女の子らしいものであれ！　男は、女の子の服装によって、意識せずとも扱い方が変わってしまう生き物です！

◆飲食店選び

ここ！　ここを間違えるとイタいですから要チェック！

まず若い普通のアンチャンでフォークやナイフを華麗に扱える男など、ほとんどいません。

男は『恥をかく』ことをとても嫌がります。

よって、彼がそういう系の店を予約していない場合は〝ちょっとだけリッチ〟な和食系の店を提案しましょう。

その場合も「あそこの店に行きたい」ではなくたとえば「和食ダイニングがいい」「お鮨（回らない方）がいい」

など店のランクや流行うんぬんよりも「食べたいから行きたい」と言うように伝えると、スマートです。

ただし、安い店（某牛丼店や100円寿司）を提案すると、これまた彼のプライドを傷つけることになります。

『俺ってそんなに金がないように見えるのか？』みたいなね。

無難なのは――

和食ダイニング、自分たちで焼くお好み焼き屋さんやたこ焼き屋、お鮨、ちょっとお洒落な居酒屋あたり。

「私、フォークやナイフの使い方がよくわからないし！」

と、先に下手《したて》に出ると彼の気持ちも楽になります。

こういう部分でサラリと気を遣える女の子は、ポイントが高い！　と仲良しの男連中みんなが言います。

◆会話、話題

あたしのように、しゃべり出したら止まらない女の子も、初回だけはちょっと待った！

『聞き役』『引き出し役』『笑い役』の、1人3役に徹しましょう。

彼の話を聞く、うなずく、笑う。彼のために別の話題を提供するのではなく、自分が『聞き役』『笑い役』に徹することができるような話を、彼から引き出す。

無難なのは――笑える失敗談、子どもの頃の話、趣味、特技、親友の話などを彼が話すように仕向ける。

◆帰り支度

終電を気にせずダラダラと一緒にいるのはタブーです。流れがエロの方に動いてしまいますので、ご注意を！

［切り上げ上手は、（次のデートに）誘われ上手］

時間をチラチラと気にするのは失礼なので、デートの始めに、「今日は22時には帰らなきゃいけないの」と伝えておくといいです（ヤル気でいる彼に『今日はヤレませんよ』と最初に釘を打っておく大人の手です）。

◆お礼のメール

初デート終わりのお礼のメールに関しては、長々とは書きません。なんせ「楽しかった！」ということをすぐに伝えればいいんです。

それに加えて「こんなに笑ったデートははじめて」とか、「デートがこんなに楽しいものだなんて、はじめて知りました」など、男が喜ぶ『はじめて』を1つ、2つ入れることができたら、今日のデートは合格です。

下心星人の男たちの心を『この子は本命向き』と思わせることができるかどうかは、女の子次第です。

初めてのデートでそのすべてが決まると言い切っても良いでしょう。

もちろん誘われたってエッチしない、なんてのは当たり前。

携帯の電源をOFFっておくもの当然です。

2回目のデートでモテれ。

1回目のデートで好印象を与えられたら、2回目のお誘いがくるのは当然。

2回目のデートに誘われた場合のちょっとしたテクニックは、前作『モテれ。』で書いたので、そちらを読んでくださいね、と。

さて、今回の『2回目のデートでモテれ。』では、1回目に与えた好印象は保ちつつ、意外性でより突っ込んでモテる技を少々。

初めてのデートが『動・静』で分けると『静』ならば、2回目のデートはぜひ『動』で楽しむようにしてください。

初めてのデートは言うなれば、手探り状態です。

相手が何を好きで、何に興味があって、どんなことを喜ぶのかを互いに探っていく感じ。

だから2回目のデートは『楽しい』を共有、そして、共有した『楽しい』を一緒にいることで2倍、3倍にできるかどうかがポイントなんです。
こういう場合にもってこいなのが、スポーツ。
ボーリング、卓球、ストラックアウト、バッティングセンター、冬ならアイススケートとかね。
断言はしないけれどもスポーツの分野は、圧倒的に男性が優位じゃん？ うまいやん？
だから、自然に彼を褒める言葉がクチから出るようになる。
ストライクを出したら「すごい！」——ボーリング
スマッシュが決まれば「すごい！」——卓球
カキーンと当たればこれまた「すごい」——バッティングセンター
など。男が女の数百倍『褒められたがり』なのは、モテれの中でもクドいくらいに書いてます。
楽しいを共有できて、優位に立つことができて、褒められたり尊敬されたりするデート。

こんなパーフェクトなお膳立てをして、成功しないデートがあったら教えてほしいわっ！

あ、もちろんスポーツデートの時は、カジュアルファッション（でも女の子度はある程度キープ）&靴でね？

もちろんあたしも、よくやったデートパターンです。

王道、王道。ぶっちゃけ成功の王道パターンよ、これ。

今の彼も前の彼も、その前の彼も、その前の前の彼も、その前の前の前の前の……もちろんこの王道パターンを通ってます。

3回目のデートは計算でモテれ。

3回目のデートで決めろ！　の法則があるという。

『決める』とは、もちろん……そういうことだ、わかるな？

なぜ、いつ、そんな法則ができたのかはわからないが、なんせ世の中ではそういうことになっているらしい。

周りの男連中に調査したところによると「あまりにもその法則が有名になりすぎているから、男側も誘わなきゃ悪いかな？　口説かなきゃ申しわけないよな？」と思って、エッチモードに切り替えるのだという。

エッチモードに切り替えて誘わないと、逆に女の子に失礼なんじゃないか？ってアホか。

しかし実際のところ〝3回目のデートで〟ってのは多いらしいね。意味わかんねーよ。

女の子側にとっても『3回目のデート』はある意味、そういう気合いが入るとか入らないとか。ならばそれを逆手にとって、3回目のデートは計算づくでいきましょう、モテましょう。

これまで2回のデートは彼を持ち上げる形に仕上げました。さりげない気遣いのできるかわいい子ちゃん。スポーツで彼を優位に立たせるかわい子ちゃん。

3回目のデートでは、主導権を軽く握りましょう。

期待はさせるけど、期待どおりにはいかない――それを全身で表すことからはじめます。

ミニスカートはあえて避けるけど、流行のショートパンツをセレクトして存分に脚を出す。

胸元も二の腕も出さないけど、ボディラインがくっきりわかるニットをチョイスする。などのメリハリ。

それともう1つ、キャバ嬢専門の美容室に勤めてる友人に教えてもらったんだけど、髪をダウンスタイルや巻き髪ではなく、きっちりセットアップするとエロに誘われにくい法則があるんだそうだ。

男には理解できないよな、ちょっと手の込んだ（ように見える）セットアップ。

「これはホテルに連れ込んだら、あとのスタイリングが大変そうだよな……」ってな感じのヘアスタイル。

これはほんと理屈じゃなくて、なぜか男心にブレーキがかかるものらしい。

浴衣なら着脱も簡単そうだけど、着物は大変そうだよなー。ん……。↑たぶんこんな感じ
「3回目のデートだからできるはず！　彼女もきっと待ってるはず！」

そう信じて疑わない幸せなアホ男子たちの心に、服装やヘアスタイルで自然にブレーキをかける。

これなら彼と「行こうぜ（ホテルに）」「いや！」「そんなこと言わずにさー」「いやなの！」な押し問答や、その後に気まずい空気が流れることもなく、4回目のデートに繋げられそうです。

1回目、2回目のデートで本命候補に片足突っ込んだあなたを、3回目のデートでエッチできなかったからといって、簡単に手放す男は少ないです（もともとヤリ目的しか考えてない男なら別ですが）。

男とは実に身勝手なもので、すぐに抱ける女は大好きだけど、じゃ本命にするかっつったら違うらしいんですわ。

「誘えばすぐにOKを出す女は、他の男にもそうに違いない」ってことで本命候補から外すんですってよ。

ま、根がロマンティストな男たちが考えそうなことですけど。

とにかく3回目のデートでは『期待はさせるけど、期待どおりにはいかない』を念頭に置いて、その次のデートに繋げるようにしてください。

それがモテ勝ちへの正しい挑み方です！

モテる女は千円札を賢く使って可愛く誘う。

あたしの友達でモテる女がいる。

彼女はまさに、エビで鯛を釣る女だ。

狙った男や付き合い始めたばかりの彼に、彼女は千円札1枚を使って大物を釣り上げるのだ。

彼女が用意するものは3つ。
●3枚千円のパンツ（男性用下着）。
●3足千円の靴下（男性用靴下）。
●旅行誌の『じゃらん』。
これらパンツ1枚300円、靴下1足300円、『じゃらん』1冊約300円を1セットにして（残ったパンツ2枚と、靴下2枚は新たなターゲット、もしくは新たな彼氏ができた時に使うらしい）、プレゼント包装をし、付き合い始めたばかりの彼に贈っている。

付き合っていない、または付き合って日が浅い関係の女性から、パンツや靴下、ネクタイなどをプレゼントされることを好まない男性は意外に多い。

彼女はそれを理解した上で、予想外の行動に出るのだ。

彼女が千円札1枚で用意したプレゼントは『旅行』を意味するワンセット。

パンツ、靴下、旅行誌『じゃらん』——ね？

これだと、男は嫌がらない。

そりゃそうさ。女の子から1泊旅行に〝誘ってる〟んだから。

ある意味、露骨（すぎる）な誘い方だけど、ホテルじゃなく『旅行』だから、不潔、ふしだらなイメージには繋がらない。

〝こいつ、誘いなれてるな〟と思われないようにするには、プレゼントを手渡す時に恥じらった演技をすれば良いだけのことらしい。

「ぜんぜんＯＫ！　これまで1度も失敗なし！」とは彼女の談。

千円札1枚で旅行と、男心（と快楽）を一気に釣り上げる恐るべき女が言う。

「女友達なんかと国内外の旅行に行きなれた女とは違って、男は社会に出ると、とたんに旅行へ行く回数が減るのよ。だから、女より男の方が旅行はウキウキ、ワクワクするわけ。そこにエッチの予感があってみなさいよ？　あいつらが断るわけないじゃない」

確かに彼女は毎回この方法で、狙った男や付き合ったばかりの男を心身ともに確実にハメている。

恐るべき女じゃ。

でもこの方法は、うん。非常によくできてると思います。

モテる女のカラオケタイム。

さて。

カラオケボックス内で「落とせるまでとはいかないけれど意識させること」くらいは簡単にできます。

それと同時に「この子、案外イイ子じゃん」と本命ターゲット内に入れてもらうことも。

この方法は、男子と二人きりが苦手という too shy shy girl な人や、男子の前だとどうにも女らしく振る舞えず盛り上げ役に徹してしまうというファンキーなあなたにオススメ。

全然難しくない。ダイジョブ、ダイジョブ。

たったの3ステップで、あなたの株を上げてみせましょう。

1．歌っている男子の顔（横顔含む）を凝視。

凝視といっても「ガン見」じゃ怖がられるので、軽く首を傾け、聴き入っている様子、または「あまりの（歌の）うまさ」に驚いた表情で凝視する。

2．誰かが歌っている間は選曲をせず、歌に聴き入っているふり。

歌っている時に、本やリモコンで選曲されるとムナシさを感じるもの。よって目当ての彼だけに限らず誰が歌っていようとも、きちんと聴いているふりをする。

音楽に合わせて小さく体を揺すってみたり、口パクで歌ってみたり、小さく手拍子をするのも好し。

3．テーブルの上の整理、後片付けは忘れずに。

複数でカラオケに行くと、テーブルの上はグラスや灰皿などで荒れがちになる。

それをセコセコと頻繁に片付けるのは、まるで「お母さん」のようなのでオススメしない。しかし、空いたグラスを入り口のドアに寄せ集めたり、店員さんが入って来た時を見計らって、灰皿の交換をお願いするのは◎。

あたしの目安は、空いたグラスが2つできたら「あたしおかわりするけど、飲み物のおかわりいる人?」と皆に尋ね、それと同時に空いたグラスをまとめ、テーブルの上を少しだけ整理するようにしている。

そして部屋を出るのは、必ず1番最後と決めている。

理由は、荒れ放題のテーブルの上の後片付けをするからだ。

1〜3の行為は、目当ての彼以外の誰かが必ず見ているもの。

よってこれらの行為を繰り返すことで、間違いなく「あなたの株」は上がる。

カラオケで目立つには、歌がうまいとかパフォーマンスが面白い、男ウケする曲を歌うなどいろいろとあるが、それじゃあ『女の株』は上がらない。

歩幅は小さく追いかける。

これはとても簡単。今日からでも使えるテクニックです。

歩く歩幅は小さめに。

そして彼の後ろからチョコチョコと小走りに追いかけて、追いついて。また遅れて、また追いかけて追いついて。

このチョコチョコ歩きは、確かにカッコヨクはない。デューク更家には「なってないね、YOU!（←ジャニーさん？）」と叱られるような歩き方かもしれない。だけど『可愛さアピール』には抜群の効果を発揮します。

もちろんモノには〝程度や限度〟がありますし、付き合いが深くなったり長くなってくると、はじめは可愛く思っていたチョコチョコ歩きを「もっと早く歩けねーの？」と苛立たしげに言う男もいるかもしれません。だけど、付き合う前のデートや付き合って日が浅いうちなら、チョコチョコ歩きに目尻と鼻の下を下げる男は少なくない。チョコチョコと歩きながらね、「待ってー」なんて言いながらね、彼の袖を軽く掴んだりしてね、クーッ！　可愛いじゃねーか！

あたしは当然チョコチョコ歩きですよ。悲しいくらいに脚が短いんでね。常に誰のことも必死で追いかけています。ウィンドウショッピングデートなんぞをした日にゃあ、右へ左へふらふらと、チョコチョコ歩きにカニ歩きまで加わるので、連行される人みたいに腕や手首をがっしりとホールドされて歩かされております。

お買い物に付き合ってもらうなら……。

ショップなんかへ行くと、彼女のお買い物に〝付き合わされて〟バツ悪そうにしている男の人をたまに見る。

なかには、そういうのを嫌がらない男の人もいるだろうけれど、レディースものばかりを扱っているショップで、確かに彼らは浮いている。

ただ、お買い物はうまく使うと、それなりに彼ら男を喜ばせることができる。

そのためには、普段の会話からある程度のリサーチをしておくこと。

集めた情報をもとに、お買い物に付き合ってもらうと、友達関係だった彼との距離が一気に縮まり、+αのおまけが付いてくる。

はたしてその方法とは——

狙っている彼が〝得意とする分野〟のお買い物に付き合ってもらうといい。

●電化製品（パソコン、プリンター、デジカメ、iPodなど）
●デニム（デニムって、凝ってる人はそうとう凝ってるから）
●家具（彼がインテリアやＤＩＹに詳しいなら）
●眼鏡（彼の眼鏡のセンスが良かったり、眼鏡にこだわりを持っているなら）

スノボやスキーのうまい男が、ゲレンデでイケメンに見えたり、陸の上ではさほど……な男が、波の上ではカッコよく見えたり、たいして顔の良くないサッカー選手が、ピッチではベッカムに見えたり……と、誰しも自分の得意分野では、実力をいかんなく発揮する。

いや、実力以上のものを発揮する——と言う方が正しいかもしれん。

そして、その得意分野に対して出すパワーを、これ以上にないほど褒められると、天高く舞い上がるのが男なのである。

「パソコンがほしいんだけど、どれを選べばいいのかわからない。○○君は詳しそうだから……今度、選ぶのに付き合ってもらってもいい？」

「似合うデニムがほしいんだけど、私はあまりセンスがない。だけど○○君はいつもセンスがいいし……今度一緒に選んでくれない？」

など。まず、自分を〝ダメ子〟に見せておいて、彼の得意とする分野に限定して、頼る、甘える、誘い出す。

それに成功したら次は、褒める、感謝する、そしてまた褒める。

「やっぱり○○君について来てもらって良かった。私のセンスじゃ、絶対にこういうのは選べないもん」

最後は、このセリフでしめる。

普段の会話の中で、彼が何に詳しくて、何が得意で、何にこだわりを持っているかをしっかりとリサーチしておくこと。

それさえ間違わなければ、お買い物作戦は成功します。

そして、「こないだのお礼に」と、次のデートへこぎつける。

そこから先は——前作『モテれ。』を参考に——狙った彼を確実にハメてください。

スマートに誘わなくていい。

できればほんとは誘われたい。

よね。うん。うん。

でもさあ、待てど暮らせど相手が誘ってくれないなら、こっちから誘うっきゃないやん。

でもいざ、彼を目の前にすると断られるのが怖かったり、なんか妙に構えちゃって、うまく誘えなかったりするやん。

じゃあ、どうすればイイんだろうねえ?

マジなデートを誘うのって超抵抗がある。こう見えてシャイだから(マジ)。

だからあたしは、相手が誘いたくなるようにもっていくのを得意とする。


お気に入りの彼が雑誌を読んでいる。

それがたまたま映画情報のページだったとする。

「キムタクの『HERO』、超面白いらしいね。見た？」

彼：「まだ見てないなー」

「あたしもまだ見てないんだ～（言え！　言え！　じゃあ一緒に行こうかって言ってくれ！）」

——ここで彼が「じゃあ今度一緒に」って誘ってきたら何の問題もない。

しかし、彼から誘いの言葉がこなかったら、即座に「じゃあ今度一緒に行かへん？」と軽く言ってみる。

「いや、ちょっと……」と、断られたら……？

思いっきり凹め。泣いてもイイ。あたしのデカい乳を貸してやる。安心すれ。

まあ、なんちゅうか、とにかくさ。誘われないなら、誘う。

それでもやっぱり誘われたいなら、誘いやすいシチュエーションにもっていく。

誘うネタを見つけるために、彼の言動には常にアンテナをびんびんに。

映画情報を見ていたら、映画に。

ファッションページを見ていたら、ショッピングに。

お酒が飲みたそうなら、居酒屋に。

お腹が減ってそうなら、すき屋や松屋やファミレスに。

ネタがないなら、自分で作る。

「あーお腹空いたなあ。一緒に食べに行けへん？」

あくまでも自然に、自然に。

神さまが、頑張っているあなたの味方をして、奇跡的に彼が誘ってきてくれたら……その時は、「今世界で1番幸せ！」ってな表情を浮かべて「うん！」と大喜びで答える。

誘う時は自然に。なんでもないことのように振る舞う。

誘われた時は、狂喜乱舞せよ。その無邪気さは彼の目にきっと可愛く映るから。

彼の見ている前でオフる。

本当は、彼が見ていない時にサッとこれができる人の方がスマートなんですけど――と前置きをしておいて。

初デートで飲食店に入る、もしくは映画館に行く、一緒に電車に乗るなど、『最低限のマナー』が特に必要な場所に足を踏み入れる時には、その直前に「あ、ちょっと待って」と携帯電話の電源を〝彼が見ている前〟でオフにするんです。マナーモードではなく、完全にオフにする。

もちろん職業柄、オフにすることができない人もいるでしょう。その時は「今日は、これこれこういう内容の連絡が入るかもしれないから」と予め断りを入れておいてから、サイレントモードにしておくとイイと思います。

彼が見ている前で電源を切る。

これは「マナーをわかっている娘だな」と思わせるだけでなく、デートを楽しもうとしている前向きな姿勢をも彼に伝えられるので、ぜひともやってほしいと思います。

めちゃ簡単でしょ？　彼の見ている前で携帯の電源をオフにするだけやしね。またこれには、もう1つのオイシイポイントがあります。それは、他の〝マナーがなっていない人〟と比べられることで、評価が上がるんです。

電車の中や飲食店、映画館などで携帯を鳴らしている人、着信のランプを光らせている人、相手がいるのに携帯ばっか見ている人などは少なくない。悪い例がそこかしこにあるからこそ、あなたが行った〝携帯電話の電源オフ〟という行為が際立って良く見えるんです。

たかだかこれだけのことですけど、こんなことぐらいで「あ、この娘イイコだな」と思わせることができるのなら、やらなきゃ損です。つーか、ぜひともやってほしいと思います。

「モテる」と「モテない」の差は、案外こんな小さなことの積み重ねだったりしますから。んねっ。

Lesson 6

飲み会必勝虎の巻

絶対！男女比は3：3

合コンや飲み会に参加した数は極端に少ないけれど「飲みの席」についたことなら、それこそン百回、ン千回。

だって、あたしは元クラブホステスでしたもん。

その経験から体得した、飲み会必勝虎の巻。

その飲み会に参加している男子全員をコロッと落とせる、虎の巻。

飲み会の男女比率は3対3、まずはこれを絶対に守ってください。3対3以外の飲み会でも、同じような効果が得られるかどうかはわかりません。

飲み会で大切なのはメンツ。

どんなメンツで向かえば適度に盛り上がり『モテ』を味わえるのか。

「自分だけが目立って可愛く見えるような、そんな感じ？」

そんな感じってどんな感じだよ。ブッブー。残念、不正解です。

そんな飲み会は〝誰にとっても楽しいもの〟にはなりません。

何度も書きますが、飲み会で大切なのは『メンツ』です。つまりは参加メンバー。

合コンに一緒に参加した女の子たちから、「あの子は、自分よりレベルの低い子しか誘わない」なんて噂をたてられたら、終わり。合コンに誘われる機会も減るし、誘っても参加してもらえないし、仮に誘われたとしても、男の子たちの前であることないこと言われて赤っ恥をかかされたり。

女の敵は女。同性の友達を敵に回してはいけません。

では、自分以外の2人の女の子はどんなタイプで揃えればいいのか？

まず1人目はルックスレベルが自分と似たようなタイプの女の子。

ただし、レベルは同等だけど自分とは違って、よくしゃべり、豪快に笑う、いうなれば『盛り上げ役』タイプの子がオススメ。

そしてもう1人の女の子は、見た目は悪くはないんだけど『いまいちあか抜けていない子』がオススメです。

そして自分は、

●よく笑うけれど、豪快ではない

●あか抜けてはいるけれど派手に遊びまわっているタイプではない雰囲気で

他の2人のちょうど真ん中のポジションを意識し、断トツモテを狙いにいきましょう。

参加メンバーのバランスは大切。

100点の子が1人、あとの2人は30点、平均すると53点。

それよりも、75点が2人、残り1人が60点、平均すると70点。

平均点が53点の飲み会と、70点の飲み会。

男の「やる気」がどちらの飲み会で上がるかなんて、わざわざ書く必要もなくわかりますよね?

それに男のやる気が上がれば、同じモテテクを使うのでも効き目が断然違います。

これらのことを考えても、メンツ選びは慎重にせねばあきません。

そうそう。

飲み会に参加するなら、できるだけ用意してほしいアイテムが1つあります。

それは「カチューシャ」。流行りすたりに関係なく、飲み会にはできるだけカチューシャをつけて参加してほしい。

なぜなら……、カチューシャは女の子を、3割増しで可愛く見せるめちゃ得なアイテムだからです。

カチューシャをしているだけで『女の子』に見える。

『女の子』に見える女の子には、男は自然と優しく接するようになる。
→ここ、赤線引いておくよーに。
ヘアバンドじゃあきません。カチューシャです。

とりあえずここまでは、OKですか？　それじゃ、次のコマに進みましょう。

絶対！席順決定権を得よ。

飲み会で、どこに座るか？

これは勝敗を、いいえ、運命を賭けた一世一代の大博打。

そう、これがほんとの『恋愛博打』。あたくし、春乃れぃのケータイ書籍での処女作です。どうぞ、よろしく。

宣伝はさておき。

ご存知ですか？　ひとり勝ちできる席順ってのがあるんです。

飲み会に参加している3人の男を総ざらいできる、ウソみたいな席順。

合コンキングと呼ばれていた（らしい）過去を持つ、あたしの恋人Dさん曰く「合コンは、席順ですべてが決まると言っても過言じゃないんだぜ！」だそうだ。ほんまかいな。

そうはいっても途中で「席替えしようぜー！」とは言いづらいものらしい。

なぜなら、隣りに座っている女の子に「私じゃダメなのね」と思わせてしまうからだとか。

ましてや、こちとら女の子。

会の途中で「席替えターイム」なんて、なかなか叫べやしない。

だから席順に関しては、はじめに主導権を握っておく。

もしくは、女の子同士であらかじめフォーメーションを決めておくのが良いでしょう。

ちなみに、黄金の席順は以下のとおり。

通路

男A	女B
女A	女C
男B	男C

壁

これが鉄板です。暗記しましょう。
男Aと男Bが入れ替わってもダメ。
女Bと男Cが入れ替わってもダメ。
女Aと女Cが入れ替わってもダメ。
これじゃなきゃ、意味ないんです。
なぜって？　それは読み進めていくとわかります。
ちなみに、あなたが座るのは「女C」の席ですよっ！

絶対！本命の左側に座るべし。

前の項で書いた『黄金の席順』、絶対にキープしなければならないのは「女C」の席です。

ということは、本命の彼には「男C」の席に、なんとしてでも座っていただかねばならんわけです。

本日の最大ターゲットの左側に座る、まずはこれを実行しましょう。

なぜ、左側か？

『人は自分に同意してくれる人物が心臓側にいると、落ち着くようにできているんだ』

と、昔お付き合いしていた精神科医や友人の産婦人科医、心療内科医が言ってました。

ほとんどの人は左側に心臓があります。

よって、人は無意識に自分の左半身を守ろうとするらしい。

その無意識に守ろうとする自分の左側の居心地が良いと、心を開きやすく、反面、自分に反抗的な人が左側にいると、イライラ・ムカムカするのだとか。

よって、本命の彼の左側に座り「褒める、同意する、頼る、甘える」で、彼の心を開きましょう。

「私は敵じゃない」と彼の〝本能〟に訴えたら、あとはボディタッチやボディタッチやボディタッチで、彼の本能に火を点ける。

これまで書いたモテれテクニックを駆使して、彼の中の「この子をゲットしたいぜ度（?）」が上がるように仕向ければいいんです。

もちろんテーブルの下で、何度も手や『ヒザ』や『太もも』を触れ合わせることを忘れずに！

絶対！左隣りは○○な女友達で。

ここまではOKですかー？

みんな、燃えてるかー？　（ウォオオオ！！！）

2階席も聞こえてるかー！　（キャアアアア！！！）

アリーナー！　（イエエエエエイッ！！！）


ということで、次の虎の巻にサクサク進みたいと思います。

黄金の席順で説明すると「女B」の席には、可愛いけれど、いまいちあか抜けていない女友達に座ってもらいましょう。

見た目は決して悪くない、だけどどこかがいまいち。

天然系ではなくて、どこかがズレていて、ちょっとモサい。

今は平成の世だけれども、ププーンと若干、昭和の匂いがする。

そんな〝ちょいモサ系〟のカワイコちゃんは、自分の左隣りに。

前述したように、人は自分の心臓に近いところに位置する人を、無意識に意識してしまう。

だから自分と似たようなルックスレベルで、ともすればライバルになりかねない女友達を左隣りに座らせてはならないのです。

ましてや、右隣りには最も落としたい本命君がいるんだから、自分の左隣りに合コン参加メンバーの他の男を座らせるなんて、言語道断。

右隣り（本命）に集中したいと思っているのに、本能が無意識に左隣りを気にしてしまい、イライラ・ソワソワしたんじゃ意味がない。

だから、自分の左隣りには心を許せる女友達『ちょいモサ子ちゃん』に座ってもらうのです。

人間というのは悲しいけれど、自分より劣っている（と、判断した）者に対して、余裕が出るのかどうなのか「優しく接する」ようにできているらしい。

そして、同性の友達と楽しそうにしている姿や、同性の友達に優しく接している姿は、異性の目には微笑ましく映るもの。

これら2つを踏まえても、左隣りには『ちょいモサ子ちゃん』がベストなんです。誤解のないように書き足しますが、『ちょいモサ子ちゃん』は引き立て役ではありません。

よって彼女をイジって笑いをとるなんてことをしたらあきませんよっ！

絶対！本命の向かいにはお笑い担当君を座らせる。

心理学を用いた、納得のいく黄金の席順。

自分の過去6年間のホステス人生や若かったあの頃を振り返り、今思う。

「並の容姿であそこまで人気があったのは、こういう〝ずる賢さ〟があったからこそなんやろうなあ……」と。

容姿が足りなきゃ、頭脳を使う。

頭脳が足りなきゃ、人から知恵を拝借する。

それでは引き続き、飲み会必勝虎の巻をどうぞ。

『本命君の向かいにはお笑い担当君に座っていただく』

つまり「男B」の位置です。これも絶対です。きちんとした理由があるのです。

最も自然にボディタッチを使えるのが、笑った時です。

大阪のおばちゃんが、笑うと同時に隣りの人をバンバン叩く……あの感じ。

よって本命君の向かいの席にお笑い担当君が座っていさえすれば、カラダをよじって笑いながら、本命の彼にもたれる、触れるが自然の流れの中で使えます。

はい！　次からが大切です。

大笑いを使ったボディタッチは、本命の彼に対してだけ使うのではなく、自分の左隣りに座る女友達にも使うようにしてください。そうしないと、そのボディタッチは『異性のみを意識した、いやらしい行為』に見えてしまいます。

それだけじゃない。

同席している本命以外の男の子にも「勘違いしてたけど、あの子は特にアイツを狙っているわけじゃないようだ」「カラダをくねらせ、本気で楽しそうに笑うあの子って可愛いな」と思わせることができる。

それだけじゃない。

「ボディタッチで、男ウケを狙いすぎ」と女友達に思われないで済む。

それだけじゃない。

本命の彼には、「なんだ……俺にだからボディタッチをしたわけじゃないのか」と軽いジャブを与えられる。

『うぬぼれ→過信→軽い落胆』のスパイラルは人の心に刺激を与えます。

それだけじゃない。

お笑い担当君と、自分の座る位置が対角線上になっていると、他のメンバーをも巻き込んで一気に会話が盛り上がるんです。

会話が盛り上がれば楽しい。人は笑うと心が開く。心が開けば恋が生まれやすい。

それだけじゃない。

お笑い担当君は自分が『お笑い要員』であることを自覚しています。

それは嬉しくもあり、同時に寂しくもある事実。そんな彼の発言に、屈託なく笑う。

『人は自分の発言に、ポジティブな反応を返してくれる相手に心を開きやすい』

よって、本命君だけでなくお笑い担当君にも「この子って感じがイイコだな」と思わせられる。

なんてエクセレント！

本命君の向かいにお笑い担当君を座らせると、これだけの効果が生まれるんです。

そ・れ・と――以下に書くセリフはお笑い担当君に何度も言いましょう。

「ほんと○○君って面白い、○○君の彼女になれたら毎日が楽しいだろうな」

春乃れぃ式『飲み会必勝虎の巻』は、男性参加者全員を落とすのが目的です。

「本命君だけを落とせたらそれでいいの！」と言うならそれでOK。

だけど、せっかく1度きりの人生やし？

1回でいいから『モテモテ』ってのを味わってほしいな……という、親心？

みたいな？　感じ？

絶対！オトナシメ君は通路側に座ってもらう。

はい。

お次は「オトナシメ君」に座っていただく席とその理由と、効果です。

人間が3人集まりゃ、だいたいは「静・動・キラ星」にうまいこと分かれてるもんです。

これ、ほんまに不思議やねえ。

3人組みのアイドルユニットなんかは、意図的にそういう組み合わせにしてるみたいやけどさ？

まあ実際、1番最初に書いたように平均点を上げて、グループ全体の価値を上げるには、この「静・動・キラ星」の組み合わせが最も良いんですけどね。

ってことで『静』担当の「オトナシメ君」には、『ちょいモサ子ちゃん』の向かい「男A」の位置に座ってもらいましょう。

黄金の席順で示したように、絶対に通路側。

この通路側というのは、店員さんが通る側ってことです。

オトナシメ君の隣りは、豪快な「女A」ちゃんです。

「女A」ちゃんは、ルックスも悪くないし、何よりノリがいい。

だから、オトナシメ君が寂しい（わびしい？）思いをすることがない。

飲みの席では1人でもノリについてこれないメンバーがいると、その人に合わせた行動になりがちなんです。

つまりどういうことかというと……、ナンパ慣れした遊び人の男や、ホストの業界では、「ブス子ちゃんこそ、大切に扱え」という鉄則があるらしい。

ブス子ちゃんが「私だけが相手にされていない！　もう帰る！」とヘソを曲げてしまったら、一緒にいる可愛い女の子は「帰りたいっていうから……」と、ブス子ちゃんと共に帰ってしまう。

だから、本命（可愛い女の子）を落としたいなら、まずはブス子ちゃんに気分良くなってもらえってことなんだそうだ。

何度も書いてますが、この春乃れぃ式虎の巻は『飲み会に参加している男子全員を総ざらいする、超モテテクニック』です。

なので、お次はオトナシメ君を落としながら、他の2人の男子をもメラメラさせるテクニックにまいります。

1つは「クロス十谷間」の法則。

モテテクが満載のハウツー本によく書かれている、アレです。

右にある物は左手で取り、左にある物は右手で取るってやつ。俗に言う「クロスの法則」ですか。

飲み会の席では、胸元が若干開いたトップスを選んで着る女の子が多いと聞きます。

そのプチ露出と「クロスの法則」を使って、胸元に軽い谷間を作り彼の意識がコチラに向くようにする。

大きくなくとも、小さくとも、相手が若かろうが老いておろうが、男は本能に従って「露出した肌」や「肌と布生地の隙間」には視線を運んでしまうもの。

だから「私は貧乳だから……」なんて尻込みをすることなく『クロス十谷間（隙間？）』で攻めましょう。大丈夫、乳が小さいのはアナタの責任じゃない！


お次のテクニックは『間接キス』です。

間接キスが世の男子にどれくらいの「自惚れ」をもたらすかは想像以上です。

オトナシメ君を通路側に座らせたのは、ズバリ『間接キス』ができるからです！


『頭脳犯の間接キステクニック』（あたしはこんな風にしてました）
1. オトナシメ君を誘って、ビールや焼酎以外のカクテル類を追加注文する。
2. メニューを見ながら、
「んー。Aも飲みたいし、Bも飲みたいな。あ！　オトナシメ君、Bのカクテル、大丈夫？（と、身を乗り出してメニューと谷間を見せる）」

オトナシメ君が「大丈夫」と答えてくれたら、自分が飲みたいAとBの2つのカクテルを追加注文する。
3.店員さんが2つのカクテルを運んできたら、オトナシメ君とモサ子ちゃんの3人で小さく乾杯をする（ここでモサ子ちゃんをのけ者にして、オトナシメ君と2人で乾杯をするのは絶対のタブーです）。
4.オトナシメ君の飲んでいるBを、
「どう？　美味しい？　ちょっと飲ませて！」と拝借。

ここで間接キスを発生させて、オトナシメ君の心を動かすんです。
5.「美味しい！　モサ子も飲んでみる？」と、必ずモサ子を仲間に入れる。
これは、残り2人の男子に対する――オトナシメ君が相手だから『間接キス』をしたわけじゃないのよ――というアピールです。なので、絶対にモサ子ちゃんにもグラスを渡しましょう。

モサ子ちゃんにもグラスを渡したからといって、オトナシメ君の「ドキッ」

が減ることにはなりません。『俺が飲んだ〝直後〟にあの子が飲んだ』という、絶対の事実があるので、まったく問題ありません。

はい。これで飲み会に参加している3人の男の子全員の意識が、間違いなくあなたに向いています。

全員が「あの子は俺のことを気に入ってるに違いない」と思いながら「いや、でももしかしたらアイツのことを気に入ってる？」とも思っているはずです。

そう、その『どっちなんだ？　俺か？　あいつか？』が、気持ちに拍車をかける。

いいですねえ。過去に自分がやってきたこととはいえ、「れぃタン、さすが！」と、思わずニヤニヤしてしまいます。ムププ。

絶対！2次会にはカラオケボックスを選ぶべし。

これは手短にいきます。

2次会があるなら、ぜひともカラオケをおねだりしましょう。

歌が下手とかうまいなどは問題ではなく、人は暗くて狭い空間を共有する相手に親近感を抱くもの。

アップテンポな音楽は、気持ちをたかぶらせるにもってこいのアイテムなので、カラオケによって上がったテンションを、ボディタッチなどを使って〝よりアゲる〟ことが可能。必勝飲み会によって彼らの中に生まれた「多少の自惚れ」をカラオケボックスに行くことによって「確信」に変えてあげるんです。モテる女の子は、「あの子って俺のことを好きなんじゃゃ？」と思わせるテクニックに長けています。だからカラオケボックス。断然カラオケボックス。

3人のメンズを同時に落とすテクニックのまとめ。

今回ここで書いた『飲み会必勝虎の巻』は、ホステス時代や、どうしても断わりきれなかった〝合コン未満〟な飲みの席で使いまくりました。

効果のほどは……？

メールマガジン『モテれ。』やケータイ書籍『モテれ。』を書いている最中に、何度もネタ切れに遭遇していながら、あえて今まで書かなかったというところから『誰にも教えたくないくらいのパワーを持つテクニック』だということをわかっていただきたいっ！

「ほんとにほんとに彼氏がほしい！」

「1度でいいから、モテる感覚を味わってみたい！」

と、涙ながらに訴えてくる後輩や、

「どうやったら売れっ子になれるかわからない！」と、真剣に悩んでいる友達（ホステス・キャバ嬢）にだけ、こっそりと教えていたテクニックです。

だから、ほんまに効果があります。

たった1回の飲み会で、参加している3人の男の子たち全員を落とせるんです。

ただし、これから書くことだけは守ってください。

●同席している女友達をネタにして笑いをとらない。
●服装は自分の趣味より、一般男性ウケを狙ったもの。
●肌の露出はわずかに抑える。
●派手さ、華やかさよりも「女の子らしい若干コンサバ」。
●参加している女友達が「帰りたい」と言ったら、必ず一緒に帰る。
●メールアドレス、および電話番号の交換は全員がいる場所で、全員で教え合う。

そして極めつけ『好きなタイプを聞かれたら』——

「**知的**で（と言いながら、オトナシメ君の目を見る）、**だけど話題が豊富で面白くて**（と、言いながらお笑い担当君の目を見る）、**優しい人かな？**（と、テーブルの下などで彼のカラダの一部に触れながら）」と答えてください。

大本命の彼のことは、必ず最後にもってくる。これがコツです。

ただしその直後に「**でも、私は押されると弱いから。好きだって言われると、すぐに心が揺れる**」と、付け加えることも忘れずに。この発言が彼らの心に、『他のヤツより先に！　俺がこの子をいただく！』という闘争心を芽生えさせるんです。

本命の彼を落とすだけじゃない、参加男子全員を総ざらいするテクニック。抜きん出て可愛くなくても、自分よりルックスレベルが劣る女の子を揃えなくても、この虎の巻さえ使えば、必勝すること間違いナシです。

ぜひともお試しくださいませ。

『グイグイにモテる感覚』をたっぷりと味わってほしい、ほんまにそう思う。

あとがき

本当のあたしは「モテたいのならば、たくさんの失敗をする方がいい」と、思っています。

なぜなら、失敗をしなければ人は学ばないからです。

では、なぜこのような「モテマニュアル」を書いているかというと、1度目の失敗に深く傷つき、恋愛や男性を〈怖いもの〉だと考えてしまう女の子たちが少なくないからです。

本当にイイ男や、本当にイイ恋愛って、なかなか見つけられません。
たくさんの男を見て、触れて、知って、感じてからじゃないと、その彼の本質やその恋の本当の味はわからない。

だから、そのためにも1度目の失敗で恋に臆病になってほしくない。

あたしは恋愛至上主義者ではないし、恋愛がないと生きていかれないようなタイプではありません。だけど、やっぱり愛し愛されている恋人がいるから、毎日を楽しく生きていられる。
「世界中が敵に回っても、この彼だけはあたしの味方でいてくれるだろうな」と思う彼がいるから、毎日を穏やかな気持ちで暮らすことができる。

不本意ながら不美人で生まれてきたからこそ、あたしはモテるための努力をしました。

その努力が実を結び、たくさんの男性と知り合えた。

たくさんの男性を見てきたからこそ、今の彼の良さがわかる。

モテなければ、男性を見る目を正しく養うことはできなかったと思います。

ステキな彼と、ステキな恋をしたいなら、まずはモテてください。

モテてみなければわからないことはたぶんすごく多いと思うから。

最後まで読んでくださってありがとうございました。

少しでもお役に立てたら嬉しいです。

2007年9月　　鼻の穴でか　春乃れぃ

春乃れぃ ◆ はるの・れぃ

台湾人と日本人のハーフとして台湾に生まれ、
幼少～思春期を米ロスで暮らす。
少年院、クラブホステスなどを経て、女社長に。
その後、SM女王などあらゆる風俗業を経験し
アンダーグラウンドを極める。
ケータイ書籍「恋愛博打」で作家デビュー。
歯に衣着せぬ毒舌がうけ、
「濡れ男」「女王様がロバに鞭」など各ケータイ書籍サイトの
売上げランキングに続々とベストテン入りした。
現在は、カリスマ・ケータイ作家として、
ケータイ書籍、雑誌コラムなどで活躍中。
著書に『モテれ。』『魔性れ。』『濡れ男』（小社刊）、
『彼のセリフでわかる男ゴコロ』（大和出版）がある。
◆ 春乃れぃWEBSITE〈http://reichdk.fc2web.com/〉

Special Thanxs!
Dad, Mam, Bro., Lover-d, Friends,
Boss-Saitoh, U-king, Occhy, Mr.nagao
Ms.koyama, and more…XOXO!!!

Super Thanxs!
Seiki

Happy Birthday!
EXIT

A friend in need is a friend indeed!
fujiko

この書籍は、ケータイ書籍＆メールマガジン「モテれ。」に、
書下ろしを追加し編集したものです。

モテまくれ。

美人が勝つとは限らない！

2007年9月21日　初版第1刷発行

著者 ―――― 春乃れぃ
発行人 ―――― 齋藤純一
発行 ―――― 株式会社モバイルメディアリサーチ
An Impress Group Company
〒102-0075 東京都千代田区三番町20番地
http://mmr.jp/

発売 ―――― 株式会社インプレスコミュニケーションズ
An Impress Group Company
〒102-0075 東京都千代田区三番町20番地

印刷所 ―――― 東京書籍印刷株式会社

ISBN978-4-8443-7035-2

● 商品のご購入についてのお問い合わせ先
［インプレスカスタマーセンター］
〒102-0075 東京都千代田区三番町20番地
Tel 03-5213-9295　Fax 03-5275-2443　E-mail info@impress.co.jp
● 書店・取次様のお問い合わせ先
［出版営業部］
〒102-0075 東京都千代田区三番町20番地
Tel 03-5275-2442　Fax 03-5275-2444
● 本書に関するご意見・ご感想は E-mail info@mmr.jp まで。